¡VAMOS DE FIESTA!

Cuaderno de práctica
Grado 1

Juegos y fiestas

Disfraces y fiestas

Harcourt

Orlando   Boston   Dallas   Chicago   San Diego

Visite *The Learning Site*

www.harcourtschool.com

Contenido

JUEGOS Y FIESTAS

Harcourt

Contenido

DISFRACES Y FIESTAS

Harcourt

Contenido

Harcourt

Juegos
y fiestas

▶ **Mira los dibujos. Escribe la palabra del cuadro para completar la oración.**

trigo	tractor	tren	trabaja	trae

_____

- - - - - - - - - - - - - -

1. El granjero _____ en el campo.

_____

- - - - - - - - - - - - - -

2. Usa un _____ .

_____

- - - - - - - - - - - - - -

3. El campesino cultiva _____ .

_____

- - - - - - - - - - - - - -

4. El _____ recoge la cosecha.

_____

- - - - - - - - - - - - - -

5. ¡El tren nos _____ el trigo!

LA ESCUELA Y LA CASA Pida al niño que subraye las palabras con *tr-*. Luego, dígale que lea las palabras.

Harcourt

Nombre _____

▶ **Escribe los nombres de los días feriados correctamente.**

1. día de acción de gracias

_____

- -

El _____ comemos pavo.

2. navidad

_____

- - - - - - - - - - - - - - - - - -

En _____ recibimos regalos.

3. hanukkah

_____

- -

La celebración de _____ dura una semana.

4. día de las madres

_____

- -

Para el _____ le hago una tarjeta a mi mamá.

Harcourt

Nombre _____

► **Escribe la palabra para completar las oraciones.**

      será   hará   allá
      _____

      - - - - - - - - - - - - - - - - - -

1. Petra vive _____ en el campo.

      temen   toman   tamal
      _____

      - - - - - - - - - - - - - - - - - -

2. Pero Pepe y Lola _____ el tren.

      son   san   sin
      _____

      - - - - - - - - - - - - - - - - - -

3. Un día todos llegamos _____ torta.

      osa   esas   así
      _____

      - - - - - - - - - - - - - - - - - -

4. ¡Me encanta jugar _____ con mis amigos!

LA ESCUELA Y LA CASA Platique con el niño sobre los diferentes medios de transporte que existen y cuándo se usa cada uno. Pídale que dibuje su medio de transporte favorito.

Harcourt

▶ **Escribe la palabra que completa
cada oración.**

pues	uno	este

_____
- - - - - - - - - - - - -

1. Viajo en _____ tranvía.

_____
- - - - - - - - - - - - -

2. Todos tenemos ocho años, menos _____ .

_____
- - - - - - - - - - - - -

3. Juntos, tomamos el tranvía _____ es
cómodo.

POR TU CUENTA ¿Cómo vienes a la escuela? Haz un dibujo y escribe
una oración.

LA ESCUELA Y LA CASA Platique con el niño sobre los
problemas de tráfico y juntos hagan oraciones usando
los medios de transporte y las palabras del vocabulario.

Juegos y fiestas
Lección 2

11

▶ **Haz lo que te pide cada oración.**
Encierra en un círculo las palabras que
empiecen con tr.

1. José va a pescar truchas. Pinta una trucha
   de rojo.

2. Baja por el camino y trepa por las rocas.
   Pinta las rocas de negro.

3. Qué hermoso y tranquilo está el río. Pinta una
   trucha de verde.

4. José se acomoda en un tronco. Pinta el tronco
   de café.

5. ¡Él pesca tres truchas! Pinta una trucha de
   naranja.

LA ESCUELA Y LA CASA Escriba las palabras con *tr* en
tarjetas. Pida al niño que se las lea.

Harcourt

Nombre _____

▶ **Escribe la palabra correspondiente al dibujo.**

truco	triste	trompo	traje	trece

1.

_____

- - - - - - - - - - - - - - - - - - -

_____

2.

_____

- - - - - - - - - - - - - - - - - - -

_____

3.

_____

- - - - - - - - - - - - - - - - - - -

_____

4.

_____

- - - - - - - - - - - - - - - - - - -

_____

5.

_____

- - - - - - - - - - - - - - - - - - -

_____

Harcourt

LA ESCUELA Y LA CASA Juego de letras. Con el niño escriba una tarjeta para cada sílaba *tra, tre, tri, tro, tru*. Pónganlas al revés. Tomen una por una y vayan diciendo palabras que empiecen con esta sílaba.

▶ **Piensa en el cuento "Así vamos a la escuela". Luego, escribe en qué viajan los niños.**

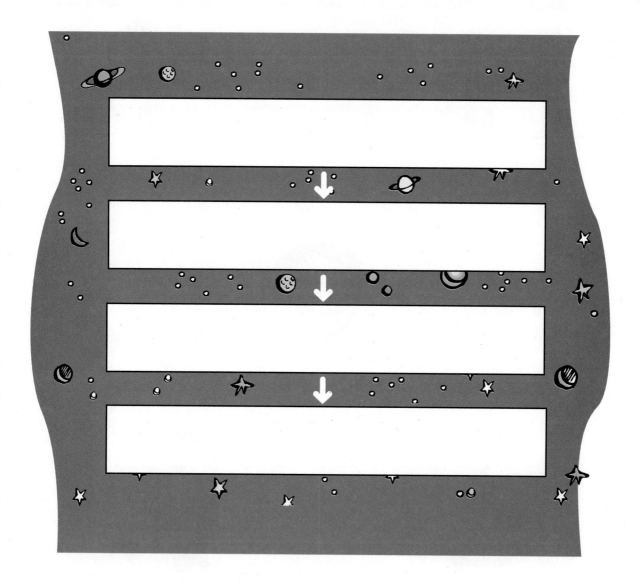

LA ESCUELA Y LA CASA Sugiera a su niño que describa una escena con oraciones cortas y sencillas. Traten de usar las palabras del vocabulario.

Harcourt

Nombre _____

▶ **Haz un dibujo para mostrar lo que pasa después.**

POR TU CUENTA Escribe un cuento acerca de los dibujos que has hecho.

LA ESCUELA Y LA CASA Pida al niño que narre un cuento sobre estos dibujos.

Juegos y fiestas
Lección 3

15

Harcourt

▶ **Mira los dibujos. Escoge la mejor respuesta. Rellena el círculo junto a tu respuesta.**

1. ¿Qué pasa después?

- ⬭ Va a nevar.

- ⬭ El muñeco va a saltar.

- ⬭ La nieve se derretirá.

- ⬭ El muñeco se hará más grande.

▶ **Elige la mejor respuesta. Rellena el círculo junto a tu respuesta.**

2. ¿Qué pasa después?

- ⬭ Le van a cortar el pelo.

- ⬭ Le van a dar de comer.

- ⬭ Le van a leer un libro.

- ⬭ Se va a lavar las manos.

Harcourt

Nombre _____

▶ **Escribe la palabra para completar la oración.**

busca   buscar

_____

- - - - - - - - - - - - - - - - - - -

1. Un pajarito _____ ramitas.

ve   ver

_____

- - - - - - - - - - - - - - - - - - -

2. El pajarito _____

una pluma.

va   ir

_____

- - - - - - - - - - - - - - - - - - -

3. Entonces _____ al nido.

termina   terminan

_____

- - - - - - - - - - - - - - - - - - -

4. El pajarito _____ su nido.

Harcourt

Nombre _____

▶ **Escribe las palabras del cuadro para completar las oraciones. Luego, lee el cuento.**

| padres | Dragón | ladra | podremos | Pedro |

Dragón

_____

_____ es mi mejor amigo.

_____

Sus _____ le regalaron un perro.

_____

Se llama _____ y casi no

_____   _____

_____. ¡Hoy _____ bañarlo en el jardín!

LA ESCUELA Y LA CASA Escriba las palabras *madre, padre*.
Pida al niño que las lea y que luego las escriba.

Harcourt

Nombre _____

▶ **Lee el cuento y completa las oraciones con <u>yo</u>, <u>me</u>, <u>mí</u>.**

_____ soy muy amigo de José. A _____

_____ gusta jugar con él. Vamos al parque y él

_____ hamaca. _____ siempre llego primero a la

parte alta.

LA ESCUELA Y LA CASA Pida al niño que se dibuje
con un amigo o amiga y que use las palabras *yo*, *me* y
mí para escribir algo más acerca de los dibujo.

Juegos y fiestas
Lección 6

19

Harcourt

▶ **Escribe la palabra que complete cada oración.**

| mundo | lugar | país |
| Estados Unidos de América | | ciudad |

_____
- - - - - - - - - - - - - - - -

1. Mi _____ está junto al mar.

_____
- - - - - - - - - - - - - - - -

2. Mi casa está en un _____ que

_____
- - - - - - - - - - - - - - - - - - - -

se llama _____ .

_____
- - - - - - - - - - - - - - - -

3. Yo vivo en un _____ muy especial.

4. Yo juego al ajedrez y un día seré el campeón

_____
- - - - - - - - - - - - - - - -

del _____ .

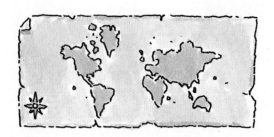

Harcourt

▶ **Lee las oraciones y escribe la palabra que contesta a cada una.**

estado	Estados Unidos de América
mundo	ciudad

_____

\- \- \- \- \- \- \- \- \- \- \-

1. Nuestro _____ es la Tierra.

2. El país donde vivimos es

_____

\- \- \- \- \- \- \- \- \- \- \- \- \- \- \- \-

_____ .

_____

\- \- \- \- \- \- \- \- \- \- \-

3. Mi _____ favorito es éste.

_____

\- \- \- \- \- \- \- \- \- \- \-

4. Nuestra casa está lejos de la _____ .

LA ESCUELA Y LA CASA Explique al niño la función de las palabras del vocabulario en el cuento *Yo en el mapa*. Juntos repitan el orden de ellas empezando del más pequeño: Por ejemplo: cuarto, casa, calle.

Harcourt

Nombre _____

▶ **Escribe las palabras junto al dibujo correspondiente.**

| almendra | cilindro | golondrina | dragón | ladrillo |

1. _____
   - - - - - - - - - - - - - - - - - -
   _____

2. _____
   - - - - - - - - - - - - - - - - - -
   _____

3. _____
   - - - - - - - - - - - - - - - - - -
   _____

4. _____
   - - - - - - - - - - - - - - - - - -
   _____

5. _____
   - - - - - - - - - - - - - - - - - -
   _____

LA ESCUELA Y LA CASA Pida al niño que lea las palabras de la lista. ¿Cuáles se escriben con *dra, dri* o *dro*?

Harcourt

Nombre _____

▶ **Escribe la palabra que completa la oración.**

tendré   tengo   tensa
_____

_ _ _ _ _ _ _ _ _ _ _ _ _ _ _

1. Mañana _____ trabajo.

ponle   pondré   pongo
_____

_ _ _ _ _ _ _ _ _ _ _ _ _ _ _

2. Me _____ pantalones cortos.

venta   venga   vendrá
_____

_ _ _ _ _ _ _ _ _ _ _ _ _ _ _

3. Mi mamá _____ conmigo.

padre   pago   pala
_____

_ _ _ _ _ _ _ _ _ _ _ _ _ _ _

4. Mi _____ nos llevará al trabajo.

Harcourt

LA ESCUELA Y LA CASA Pida al niño que lea las oraciones. Entre los dos piensen en palabras que se escriban con *dr*. Escríbalas para que el niño las lea.

Nombre _____

▶ **Piensa en el cuento. Piensa en los lugares que aparecen en los mapas. Escribe los lugares para completar el siguiente diagrama.**

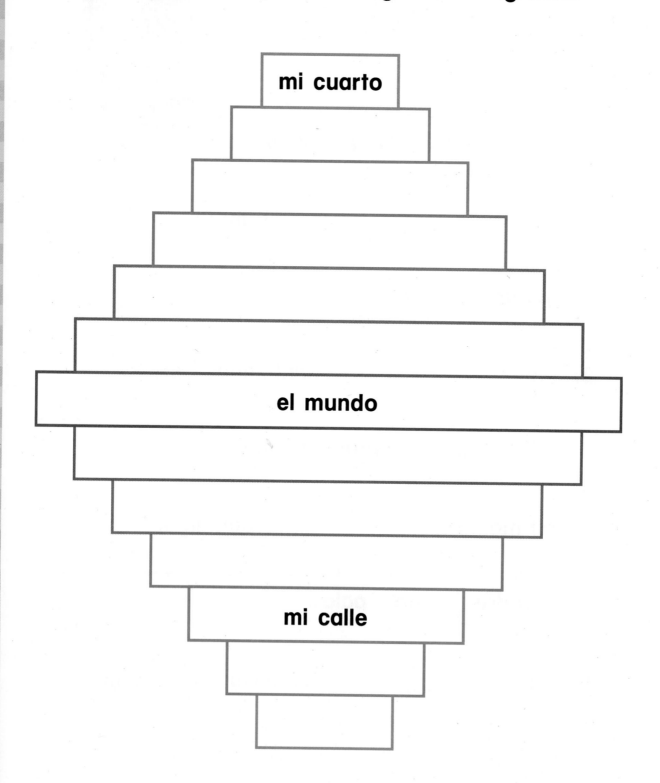

mi cuarto

el mundo

mi calle

LA ESCUELA Y LA CASA Ayude al niño a dibujar un mapa de su cuarto. Entre los dos, escriban su dirección en el otro lado de la hoja.

Harcourt

▶ **Mira el dibujo y el cuento de Trini.**
Escribe las palabras del cuadro para
completar las oraciones.

| trajo | trabajo | arrastra | eléctrico | trece |

El trencito

_____

- - - - - - - - - - - - - - - - -

Mi papá volvió del _____.

_____

- - - - - - - - - - - - - - - -

Me _____ una sorpresa: un tren

_____

- - - - - - - - - - - - -

_____. ¡Qué felicidad! ¡La

_____

- - - - - - - - - - - - - - - - - - - -

locomotora _____ _____

vagones!

LA ESCUELA Y LA CASA Escriban unas tarjetas con las palabras
entró, entras, entra, entramos, entran. Pongan las tarjetas boca abajo.
Por turnos voltéenlas y hagan una oración con la palabra.

Nombre _____

▶ **Lee el cuento. Después contesta la pregunta.**

Éste es el mapa de Estados Unidos de América. Estados Unidos de América es un país muy grande. Tiene 50 estados y muchos habitantes. La gente vive y trabaja en todos los estados. Hay muchos lugares interesantes para ver en Estados Unidos de América.

¿De qué se habla este cuento?

_____

- -

_____

LA ESCUELA Y LA CASA Platique con el niño sobre alguna mudanza. Pídale que haga un dibujo del relato.

Harcourt

▶ **Lee los cuentos. Escoge la mejor respuesta. Rellena el círculo junto a tu respuesta.**

Las lechuzas viven de noche. Son de muchos tamaños. Cazan de noche. Comen ratones y animales pequeños. Descansan durante el día.

1. ¿De qué trata el cuento?
   - ⬭ Sobre los ratones.
   - ⬭ Sobre la noche.
   - ⬭ Sobre las lechuzas.
   - ⬭ Sobre el descanso.

Muchos animales saben nadar. Los peces nadan. Los patos nadan. Los perros saben nadar. Algunos insectos nadan.

2. ¿De qué trata el cuento?
   - ⬭ Sobre los insectos.
   - ⬭ Sobre los patos.
   - ⬭ Sobre animales que saben volar.
   - ⬭ Sobre animales que saben nadar.

Harcourt

Nombre _____

▶ **Escribe la palabra que completa cada oración.**

pude   pule   podré
_____

----

1. Mañana _____ andar en bici.

ponche   ponga   pondré
_____

----

2. Me _____ mi casco.

madre   madera   manera
_____

----

3. La señora es la _____ de Sandra.

poda   porta   podrá
_____

----

4. Ella nos _____ llevar al parque.

LA ESCUELA Y LA CASA Pida al niño que escriba una
oración con cada una de las palabras con *dr* del ejercicio.

Harcourt

Nombre _____

▶ **Mira la ilustración. Sigue las instrucciones.**

1. Pinta los cubos de verde.

2. Dibuja dos libros en el estante.

3. Pinta el tapete morado.

4. Dibuja un niño en el caballo.

5. Pinta una pelota de rojo.

 POR TU CUENTA Haz un dibujo para un amigo. Escribe algo que quieres que haga. Míralo seguir tus instrucciones.

 LA ESCUELA Y LA CASA Dé al niño una hoja en blanco y un lápiz. Déle una instrucción como "dibuja un círculo" o "dobla el papel a la mitad". Después tome usted el papel para recibir una instrucción del niño.

Juegos y fiestas
Lección 9   29

Harcourt

Nombre _____

▶ **Escribe lo que dicen Susana y su mamá.
Usa los guiones.**

I. ¡Susi! ¡Susi!

_____

_____

2. Aquí estoy, Mamá.

_____

_____

3. Vamos a ir al parque dijo su mamá.

_____

_____

4. Sí, sí dijo Susi.

_____

_____

5. Ve por tus patines y nos vamos dijo su mamá.

_____

_____

LA ESCUELA Y LA CASA Cambie el nombre de Susi por el
de su niño o niña. Lean el diálogo. Después túrnense para
interpretar los personajes.

Harcourt

Nombre _____

▶ **Escribe las palabras debajo de sus dibujos.**

| brócoli blanco brocha blusa brazo brincar |

1.

_____

- - - - - - - - - - - - - -

_____

2.

_____

- - - - - - - - - - - - - -

_____

3.

_____

- - - - - - - - - - - - - -

_____

4.

_____

- - - - - - - - - - - - - -

_____

5.

_____

- - - - - - - - - - - - - -

_____

6.

_____

- - - - - - - - - - - - - -

_____

LA ESCUELA Y LA CASA Pida al niño que escriba
la palabra *brazo*. Ahora puede ponerle la letra *a* al
principio. ¿Qué resulta? Déle un abrazo al niño.

Harcourt

Nombre _____

▶ **Usa las palabras él, ella, ellos, ellas en lugar de los nombres para completar cada oración. Encierra en un círculo la persona de la que se habla.**

1. ¿Está Tomás?

_____

Queremos que _____ venga con nosotros.

2. ¿Están Ana y Teresa?

_____

Queremos que _____ también vengan con nosotros.

3. Andrés y Fermín van a venir.

_____

_____ estarán en el parque esperándonos.

4. La mamá de Tomás nos va a llevar.

_____

_____ nos va a llevar.

LA ESCUELA Y LA CASA Escriba algo acerca de una o varias personas usando el nombre. Pida al niño que lea la oración en voz alta. Luego pídale que diga la oración otra vez usando él, ella, ellos o ellas.

Harcourt

▶ **Escoge la palabra que completa cada oración.**

Hola	sol	alto	hace	han

En el bosque, vive una bruja amigable, llamada Ana.
_____

Todos los domingos, Ana _____ puré de manzanas.
_____

Para salir, Ana espera que el _____ baje
_____

de lo _____. Una noche, la vi caminando
_____

y le dije: —¡_____, Ana! ¿adónde vas?
_____

—Voy al bosque —me dijo—. Mis amigos _____
encontrado árboles con manzanas negras. ¡Son mis favoritas!

LA ESCUELA Y LA CASA Platique con el niño sobre esta historia y juntos piensen en un final diferente. Ayúdelo a escribirlo en su cuaderno.

Juegos y fiestas
Lección 12

33

Harcourt

▶ **Completa las oraciones.**

hola	sol	alto	oscuridad	hace

_____

_ _ _ _ _ _ _ _ _ _ _ _

1. El _____ brilla durante el día.

_____

_ _ _ _ _ _ _ _ _ _ _ _

2. Bajo el sol _____ calor, pero la luna es mucho mejor.

_____

_ _ _ _ _ _ _ _ _ _ _ _

3. La luna en lo _____, se asoma de noche.

_____

_ _ _ _ _ _ _ _ _

4. —_____ luna —le dije por la ventana.

_____

_ _ _ _ _ _ _ _ _ _ _ _

5. Con la noche llega la _____.

LA ESCUELA Y LA CASA Deje que el niño seleccione uno de sus cuentos favoritos. Léanlo juntos. Si puede, platique con él sobre el fenómeno del día y la noche. Por ejemplo: ¿por qué amanece?

Harcourt

Nombre _____

▶ **Escribe las palabras donde corresponda.**

| cabras cebra hombre abre hambre tabla |

_____

- - - - - - - - - - - - - -

1. Los animales están con _____.
   Es hora de comer.

   _____

   - - - - - - - - - - - - - -

2. El _____ trae la comida.

   _____

   - - - - - - - - - - - - - -

3. Ésta es para la _____.

   _____

   - - - - - - - - - - - - - -

4. Él _____ la reja y les da de comer.

   _____

   - - - - - - - - - - - - - -

5. Ahora es el turno de las _____.

   _____

   - - - - - - - - - - - - - -

6. Están allá arriba, ¡subidas en

   _____

   - - - - - - - - - - - - - -

   una _____!

LA ESCUELA Y LA CASA Pida al niño que lea las oraciones. Pídale que encierre en un círculo *bl* y *br*.

Juegos y fiestas
Lección 12

35

Harcourt

Nombre _____

▶ **Lee las oraciones. Encierra en un círculo la palabra que corresponda. Escríbela en la oración.**

habrá   hablar

----

1. Vamos a _____ en voz baja.

alfombra   alfarero

- - - - - - - - - - - - - - - -

2. El nene se quedó dormido en la _____.

pobladito   pobrecito

- - - - - - - - - - - - - - - -

3. Está muy cansado el _____.

amable   amase

- - - - - - - - - - - - - - - -

4. Una señora muy _____ estuvo jugando con él.

LA ESCUELA Y LA CASA Pida al niño que escriba dos encabezados: palabras con *bl*, palabras con *br*. Pídale que busque las del texto. ¿Qué otras se les ocurren?

Harcourt

Nombre _____

▶ **Piensa en lo que ocurre en <u>El día y
la noche</u>. Escribe qué pasa al principio, durante
el desarrollo y al final del cuento.**

Principio

Desarrollo

Final

Harcourt

LA ESCUELA Y LA CASA Ayude a su niño a pensar
y escribir una historia imaginaria.

Juegos y fiestas
Lección 12   37

▶ **Lee este nuevo cuento de Vampiro y Ratón y usa las palabras que completen la oración.**

| hace | hola | hermosa | hora | ahora |

Vampiro dice que _____ una noche
_____ .

Saluda a todos sus amigos. Les dice "_____".

De día Vampiro descansa. Es _____ que le toca a Ratón salir y saludar a sus amigos.

Vampiro y Ratón se ven a la _____ de la cena.

POR TU CUENTA Escoge dos palabras del cuadro y escribe una oración con cada una.

LA ESCUELA Y LA CASA Pida al niño que escriba las palabras *hace, hora, ahora.* Comenten cómo se escriben y que la letra *h* no tiene ningún sonido.

Harcourt

Nombre _____

▶ **Lee el cuento. Después contesta las preguntas.**

José y su mamá van al mar. Caminan en la arena. Se mojan con las olas. Recogen conchas marinas. Hacen dibujos en la arena. El mar es un lugar muy divertido.

Idea principal
¿De qué se trata el cuento?

Detalles
¿Cómo lo sabes?

POR TU CUENTA Haz un dibujo del mar o de una alberca. Escribe cinco cosas acerca de tu dibujo.

LA ESCUELA Y LA CASA Hablen sobre un viaje que hayan hecho hace poco. Recuerden detalles del viaje.

Juegos y fiestas
Lección 13

39

Harcourt

▶ **Lee los cuentos. Escoge la mejor respuesta. Rellena el círculo junto a tu respuesta.**

Lili ve un canguro. Está cargando un bebé canguro. El canguro es de color café. Su cola es larga. Es rápido y da grandes saltos.

1. ¿Qué leíste acerca del canguro?

  ⬭ Es pequeño.

  ⬭ Da grandes saltos.

  ⬭ Las orejas son largas.

  ⬭ La cola es corta.

Las manzanas crecen en los árboles. Hay manzanas verdes, rojas y amarillas. Algunas son dulces. Algunas son ácidas. Las ácidas son para cocinar. Las manzanas se recogen en el otoño.

2. ¿Qué leíste acerca de las manzanas?

  ⬭ Sólo hay manzanas rojas.

  ⬭ Las manzanas son ricas en la sopa.

  ⬭ Las semillas son ricas.

  ⬭ Las manzanas se cocinan.

Harcourt

Nombre _____

▶ **Escribe las palabras en orden alfabético.**
Una de ellas ya está en orden alfabético.

lobo   yoyo   pato   dado

1. _____   2. _____

3. _____   4. yoyo

bebé   hamaca   oso   zorro

1. _____   2. hamaca

3. _____   4. _____

Harcourt

 **LA ESCUELA Y LA CASA** Escriba cada una de las palabras en una tarjeta. Póngalas boca abajo. Pida al niño que voltee tres y las ponga en orden alfabético. Repita la actividad.

Nombre _____

▶ **Copia estas oraciones que emplean los puntos suspensivos.**

1. Resultó que el regalo era...¡una bici!

_____

- -

_____

_____

- -

_____

2. ¿Ya habrá llegado mi amiga...?

_____

- -

_____

3. ¿Sabes lo que pasó...?

_____

- -

_____

4. Después de tanto jugar, de tanto nadar y de tanto comer...se quedó dormido.

_____

- -

_____

- -

_____

LA ESCUELA Y LA CASA Pida al niño que lea las oraciones con la entonación apropiada.

Harcourt

▶ **Contesta las adivinanzas con las palabras del cuadro.**

sombra	doble	bronco	blanda	cable

_____

- - - - - - - - - - - - - - - - - - -

1. Soy dos. _____

2. Viene conmigo si hace mucho sol.

_____

- - - - - - - - - - - - - - - - - - -

_____

3. Así es como me gusta mi almohada.

_____

- - - - - - - - - - - - - - - - - - -

_____

4. Es un caballo que no está domado.

_____

- - - - - - - - - - - - - - - - - - -

_____

5. Conecta la computadora al enchufe.

_____

- - - - - - - - - - - - - - - - - - -

_____

LA ESCUELA Y LA CASA Escriba las palabras *febrero, abril, octubre, Blas, Brenda, Bruno* en tarjetas. Túrnense para tomar una del mes y otra con un nombre para formar la oración: El cumpleaños de (*nombre*) es en (*mes*).

▶ **Completa el crucigrama.**

| nombre | maestra | hablo | libro | pondré |

2.⬇

1.➡

3.➡

4.⬇

5.➡

1. así te llamas	**2.** persona que te enseña
3. digo	**4.** se usa para leer
5. lo voy a poner	

LA ESCUELA Y LA CASA Piensen en palabras que rimen con las palabra del cuadro, por ejemplo, maestra-nuestra.

Harcourt

Nombre _____

▶ **Mira los dibujos y escribe la palabra que mejor describe cómo se sienten los niños.**

contento hambriento triste sorprendido cansado

_____

_____

1. _____

_____

_____

2. _____

_____

_____

3. _____

_____

_____

4. _____

_____

_____

5. _____

LA ESCUELA Y LA CASA Piense con el niño en otras palabras que expresen sentimientos.

Juegos y fiestas
Lección 16

45

Harcourt

Nombre _____

▶ **Escribe las palabras para completar las oraciones. Al final, lee todas las oraciones juntas.**

tarde   dardo
_____

‑ ‑ ‑ ‑ ‑ ‑ ‑ ‑ ‑ ‑ ‑ ‑ ‑ ‑

1. Una _____ papá y yo fuimos a pescar.

vender   venir
_____

‑ ‑ ‑ ‑ ‑ ‑ ‑ ‑ ‑ ‑ ‑ ‑ ‑ ‑

2. Hacía mucho que queríamos _____ al lago.

rápido   ruido
_____

‑ ‑ ‑ ‑ ‑ ‑ ‑ ‑ ‑ ‑ ‑ ‑ ‑ ‑

3. Remamos el bote sin hacer _____.

esos   osos
_____

‑ ‑ ‑ ‑ ‑ ‑ ‑ ‑ ‑

4. Vimos a dos _____ en la orilla.

Harcourt

Nombre _____

▶ **Escribe la palabra para completar cada oración.**

larga   lago

1. En la orilla del río me encontré una vara

_____

- - - - - - - - - - - - - - - - - - -

muy _____.

---

aunque   tarde

2. Nos quedamos pescando

_____

- - - - - - - - - - - - - - - - - - -

_____ era muy tarde.

---

esos   osos

_____

- - - - - - - - - - - - - - - - - - -

3. Los _____ se quedaron a dormir.

---

cuando   vine

_____

- - - - - - - - - - - - - - - - - - -

4. Me gusta mucho _____ voy a pescar.

POR TU CUENTA Escribe una oración con la palabra <u>tarde</u>. Haz un dibujo sobre la oración.

LA ESCUELA Y LA CASA Lea estas oraciones con el niño. Platiquen sobre los alimentos que provienen del mar y del río.

Harcourt

▶ **Lee el cuento. Encierra en un círculo las palabras que tengan <u>tr</u>, <u>dr</u>, <u>bl</u> o <u>br</u>.**

El caballo

En el rancho hay un caballo blanco. Es un caballo bronco y muy brusco. Muchos dicen que es indomable, pero noble. El vaquero hace un nudo doble, y enlaza el caballo. Al rato el caballo está tranquilo. ¡Bravo! El vaquero Andrés domó el caballo.

POR TU CUENTA Escribe en orden alfabético las palabras que encerraste en un círculo.

LA ESCUELA Y LA CASA Piensen en palabras que tengan *tr, dr, bl* y *br*. Escríbanlas y léanlas por turnos.

Harcourt

Nombre _____

► **Escribe la palabra que completa la oración.**

La piñata

brincan   bingo

- - - - - - - - - - - - - - - - - - -

1. Los niños _____ de contentos.

quedar   quebrar

- - - - - - - - - - - - - - - - - - -

2. Van a _____ la piñata.

datar   tratar

- - - - - - - - - - - - - - - - - - -

3. Todos van a _____ de romperla.

banco   blanco

- - - - - - - - - - - - - - - - - - -

4. ¡Le diste en el _____ y la rompiste!

LA ESCUELA Y LA CASA Pida al niño que lea el cuento. Pídale que encierre en un círculo las palabras con *tr, dr, bl, br*.

Juegos y fiestas
Lección 18

49

Harcourt

Nombre _____

▶ **Escribe las frases en el mismo orden
que el cuento.**

Nelly se cae al río.

Nelly y Sam van juntos al río.

Los dos pescan junto a los demás osos.

Sam trata de salvar a Nelly.

Nelly y Sam deciden volver a casa y dormir.

LA ESCUELA Y LA CASA Juntos, inventen una historia de animales.
Traten de usar las palabras del vocabulario. Haga que el niño
escriba parte de la historia en una hoja. Ayúdele a escribir el final.

Harcourt

▶ **Lee las palabras del cuadro. Lee el cuento y escribe las palabras que correspondan.**

casa veces quince cine corrimos cucú

Al cine

_____

A _____ los domingos vamos al cine

con los amigos. El domingo pasado estábamos

_____

en _____ y llegó mi tía con un regalo.

Todos _____ a ver qué era. Era un

_____ . Cada _____

minutos sale el cucú y canta. ¡En vez de ir al

_____

_____ nos quedamos en casa a ver

salir el cucú!

Harcourt

LA ESCUELA Y LA CASA Escriba las palabras *once, doce, trece, catorce, quince*. Pida al niño que las lea y escriba la palabra en número.

Juegos y fiestas
Lección 18

51

Nombre _____

▶ **Haz un dibujo de lo que pasa después.**
Escribe una oración acerca de tu dibujo.

_____

1. _____

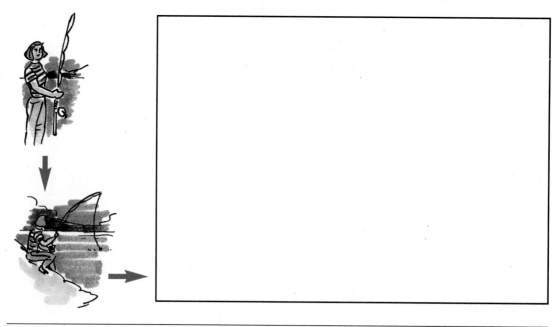

_____

2. _____

LA ESCUELA Y LA CASA Pida al niño que comente los
cuentos y lea el final que escribió.

Harcourt

Nombre _____

▶ **Mira los dibujos. Escribe el nombre del dibujo usando las palabras del cuadro.**

altavoz	antifaz	avestruz	nariz

1. _____

2. _____

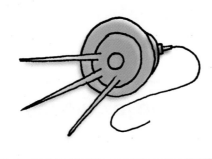

3. _____

4. _____

POR TU CUENTA Dibuja una cara. No te olvides de ponerle la nariz. Escribe dos oraciones acerca de tu dibujo.

LA ESCUELA Y LA CASA Platique con el niño de que hay muchas maneras de comer maíz. ¿A ustedes cómo les gusta? Cuando prepare algo con maíz dígaselo.

Juegos y fiestas
Lección 19

Harcourt

▶ **Escribe las palabras que completen las oraciones.**

baña   bañe
_____

- - - - - - - - - - - -

1. Mi papá me dice que yo me _____ todos los días.

coma   come
_____

- - - - - - - - - - - -

2. Mi mamá me dice que _____ toda mi comida.

lea   leían
_____

- - - - - - - - - - - -

3. Mi maestra me dice que yo _____ mucho.

vaya   vayan
_____

- - - - - - - - - - - -

4. Mis amigos me piden que yo _____ con ellos.

saca   saque
_____

- - - - - - - - - - - -

5. Al perrito le gusta que lo _____.

Harcourt

Nombre _____

▶ **Un oso acaba de despertar después de dormir todo el invierno. Escribe la palabra para completar la oración.**

| claro | clima | crías | cruzar |

_____

- - - - - - - - - - - - - - - - - - -

1. Ya hace mejor _____ y sale de su cueva.

_____

- - - - - - - - - - - - - - - - - - -

2. Ahora tiene dos _____ .

_____

- - - - - - - - - - - - - - - - - - -

3. Es un día _____ y va a pescar al río.

_____

- - - - - - - - - - - - - - - - - - -

4. Para llegar al río hay que _____ el valle.

POR TU CUENTA Dobla una hoja de papel en cuatro partes. Escribe las palabras del recuadro. Escribe una en cada cuadro y haz un dibujo.

Harcourt

LA ESCUELA Y LA CASA Escriba la palabra *crecer*.
Platique con el niño de las cosas que crecen.

Nombre _____

▶ **Sigue las instrucciones para completar los dibujos.**

1. **Encierra en un círculo las palabras que describen un color.**

   Tenemos dos pelotas grandes. Una es roja, la otra es azul.

2. **Encierra en un círculo las palabras que describen el tamaño.**

   Este ratón es chico. Sus amigos son pequeños.

3. **Encierra en un círculo las palabras que describen la forma.**

   La luna es redonda. El sol es redondo.

POR TU CUENTA Observa el salón de clase. Dibuja algún objeto. Luego escribe la palabra que describa su forma y tamaño.

LA ESCUELA Y LA CASA Hagan un cuadro con tres columnas. Una para el color, otra para la forma y otra para el tamaño. Escriba con su niño palabras en cada columna.

Harcourt

Nombre _____

▶ **Completa la oración.**

temprano leer tampoco tuvo revoltosa piso

_____

1. La maestra nos va a _____.

_____

2. El libro se llama Nora la _____.

_____

3. Nos sentamos en el _____.

_____

4. A mí _____ me gusta estar sola.

_____

5. En el libro, la mamá de Nora _____ un bebé.

_____

6. Es _____, vamos a jugar.

Harcourt

Nombre _____

▶ **Escribe la palabra para completar las oraciones**

de	tampoco	leer	tuvo

_____

- - - - - - - - - - - -

1. Nora _____ que aprender a ser paciente.

_____

- - - - - - - - - - - -

2. Ella no podía _____.

_____

- - - - - - - - - - - -

3. Mientras esperaba no quiso _____.

_____

- - - - - - - - - - - -

4. El hermano _____ Nora es muy pequeño.

POR TU CUENTA Escribe en una hoja las palabras que tienen una o y luego escribe una oración en tu libreta con esa palabra.

LA ESCUELA Y LA CASA Pida al niño que escriba una oración por cada palabra del vocabulario. Luego, pídales que lea sus oraciones.

Harcourt

Nombre _____

▶ **Lee el cuento. Encierra en un círculo las palabras escritas con ll y y. Escribe las palabras bajo la ll o la y.**

Mi mamá me llama para desayunar. Como yemas con azúcar, chocolate y yogur. Pero no puedo salir. No para de llover. Entonces mamá me da la llave del ropero.

ll	y
1. _____	4. _____
2. _____	5. _____
3. _____	6. _____

POR TU CUENTA Escoge dos palabras de la lista. Haz un dibujo y escribe la palabra.

LA ESCUELA Y LA CASA Pida al niño que lea las palabras de la lección y que hable sobre los dibujos.

Juegos y fiestas
Lección 22

59

Harcourt

Nombre _____

▶ **Lee las oraciones. Usa las palabras del cuadro para completarlas.**

oye	yo	ella	ellos	llover

_____

- - - - - - - - - - - - - - - - -

1. Va a _____. No importa.

_____

- - - - - - - - - - - - - - - - -

2. _____ pongo el tocadiscos.

_____

- - - - - - - - - - - - - - - - -

3. Mari _____ la música.

_____

- - - - - - - - - - - - - - - - -

4. Entonces _____ se pone a brincar conmigo.

5. En un rato más llegarán los amigos.

_____

- - - - - - - - - - - - - - - - -

_____ traerán más discos.

LA ESCUELA Y LA CASA Miren fotografías de la familia y coméntenlas. Usen las palabras *yo, ella, ellos, ellas.*

Harcourt

Nombre _____

▶ **Piensa en el cuento <u>Nora la revoltosa</u>.**
Luego, completa el cuadro.

¿Por qué a Nora le dicen la revoltosa?

▶ **Completa la oración.**

Al volver, Nora gritó con un descomunal bullicio:

_____

_____

_____

LA ESCUELA Y LA CASA Pida al niño que le
cuente la historia de *Nora la revoltosa* en sus
propias palabras.

Juegos y fiestas
Lección 22

61

Harcourt

Nombre _____

▶ **Mira los dibujos y dibuja lo que pasa después. Escribe una oración acerca de tu dibujo.**

_____

- -

_____

- -

_____

LA ESCUELA Y LA CASA Invente un cuento de tres partes. Diga las dos primeras y permita que el niño complete el cuento con la tercera.

Harcourt

Nombre _____

▶ **Ayuda a los niños a formarse en orden alfabético usando su primer nombre. Escribe sus nombres en orden alfabético.**

Beni   Fer   Zuli   Walter

_____   _____

1. _____   2. _____

_____   _____

3. _____   4. _____

▶ **Acomoda los ratoncitos en orden alfabético.**

Tomás   Rosa   Nora   Mamá

_____   _____

1. _____   2. _____

_____   _____

3. _____   4. _____

Harcourt

LA ESCUELA Y LA CASA Escriba los ocho nombres en tarjetas. Póngalas boca abajo. Con el niño vayan volteándolas por turnos y pónganlas en orden alfabético.

▶ **Escribe la palabra que complete la oración.**

| clase | croquetas | crudas | incluye |

1. Estamos en la _____ de cocina.

2. La receta _____ queso.

3. Hoy vamos a hacer _____.

4. No queremos que queden _____.

POR TU CUENTA Escribe una oración acerca de tu clase favorita.

LA ESCUELA Y LA CASA Pida al niño que lea las palabras del vocabulario. ¿Qué comida se puede comer cruda?

Harcourt

▶ **Contesta las adivinanzas con una de las palabras.**

ancla	bucle	crema	alacrán

1. Se come y es rica.

_____

- - - - - - - - - - - - - - - - -

_____

2. Tiene ocho patas y una cola con aguijón.

_____

- - - - - - - - - - - - - - - - -

_____

3. Quiere decir rizo.

_____

- - - - - - - - - - - - - - - - -

_____

4. Se usa en los barcos.

_____

- - - - - - - - - - - - - - - - -

_____

LA ESCUELA Y LA CASA Escriba en una tarjeta *cla, cle, cli, clo, clu, cra, cre, cri, cro, cru*. Ponga las tarjetas boca abajo. Vayan volteándolas por turnos y digan una palabra que tenga la sílaba.

Harcourt

▶ **Escribe lo que quieres que haga el personaje de <u>Nora la revoltosa</u>.**

cenar   cenas   cenes

_____

----

1. Quiero que _____ conmingo.

barres   barras   barrer

_____

----

2. Quiero que _____ la cocina.

tires   tirar   tiras

_____

----

3. No quiero que _____ las canicas.

leer   lees   leas

_____

----

4. Quiero que _____ con Papá.

subir   subes   subas

_____

----

5. Quiero que _____ la escalera.

LA ESCUELA Y LA CASA Escriba estas acciones en tarjetas:
saltar, bailar, cantar, reir, toser. Póngalas boca abajo.
Voltéenlas por turnos y digan, "Quiero que ...."

Harcourt

Nombre _____

▶ **Lee el cuento. Encierra en un círculo las palabras que terminan en -ísimo, -ísima.**

En la kermés

Los niños llegan rapidísimo a la kermés.

Todos los juegos son divertidísimos. La comida está riquísima.

El oso que se ganó Polo es lindísimo. El anillo que se sacó Nina en la tómbola es hermosísimo. Pero Nina se ve triste... ¡Está contenta pero cansadísima!

POR TU CUENTA Escoge dos de las palabras que encerraste en un círculo. Úsalas para escribir dos oraciones.

LA ESCUELA Y LA CASA Pida al niño que lea el cuento. ¿Qué otras palabras se les ocurren con -ísimo, -ísima?

Harcourt

Nombre _____

▶ **Escribe la palabra que complete la oración.**

SABOR	OLOR	SONIDO	TEMPERATURA
dulce amargo	fresco agrio	ruido silenciosa	frío caliente

1. El es _____ .

2. La  es _____ .

3. El es _____ .

4. El  huele _____ .

6. La  hace _____ .

LA ESCUELA Y LA CASA Vayan a la cocina y vean qué hay en el refrigerador y por turnos busquen tres palabras para describir alguna fruta, salsa, pan, jugo, queso.

Harcourt

Nombre _____

▶ **Escribe la palabra que complete las oraciones.**

| olores | verde | colores | cada | anaranjado |

Mi papá me hizo un papalote de muchos
_____ .

- - - - - - - - - - - - - - - -
_____ .

_____

- - - - - - - - - - - - - - - - -

Fuimos al _____ parque, que estaba
lleno de flores. Era muy agradable sentir esos

_____

- - - - - - - - - - - - - - - - -

_____ .

Poco a poco, el papalote empezó a subir hasta
_____

- - - - - - - - - - - - - - - -

el sol _____ .

Volamos el papalote casi media hora

_____

- - - - - - - - - - - - - - - -

_____ uno.

LA ESCUELA Y LA CASA Cuente al niño sus experiencias sobre
lo que pasa cuando estamos distraídos. Invite al niño a escribir
oraciones usando las palabras del vocabulario.

Harcourt

Nombre _____

▶ **Usa las palabras para formar oraciones.**
Mira el dibujo. Tus respuestas pueden
ser diferentes a las de tus compañeros.

| anaranjado colores fruta fresco verde |

_____

_____

_____

_____

_____

_____

_____

_____

_____

_____

_____

_____

LA ESCUELA Y LA CASA Use estas palabras: *flan, flores, fresas,*
Francisco y las palabras del vocabulario para ayudar al niño a
escribir oraciones en su cuaderno. Una oración por palabra.

Harcourt

▶ **Escribe las palabras debajo de los dibujos que correspondan.**

flecha	flor	fresa	frijol

1. _____

2. _____

3. _____

4. _____

POR TU CUENTA Elige dos palabras y escribe una oración con cada una.

LA ESCUELA Y LA CASA Pida al niño que lea las palabras del cuadro.

Juegos y fiestas
Lección 26

71

Harcourt

Nombre _____

▶ **Escribe las palabras del cuadro para completar el cuento.**

| frasco | fritas | fresco | flan | frutero |

_____

Papá trajo pescado _____.

Vamos a hacer papas _____.

Usaremos los chiles del _____.

De postre tenemos _____.

y las naranjas del _____.

LA ESCUELA Y LA CASA Pida al niño que le lea el cuento.

Harcourt

Nombre _____

▶ **Piensa en el cuento El sapo distraído. Luego, completa los cuadros escribiendo qué ocurre en cada paso.**

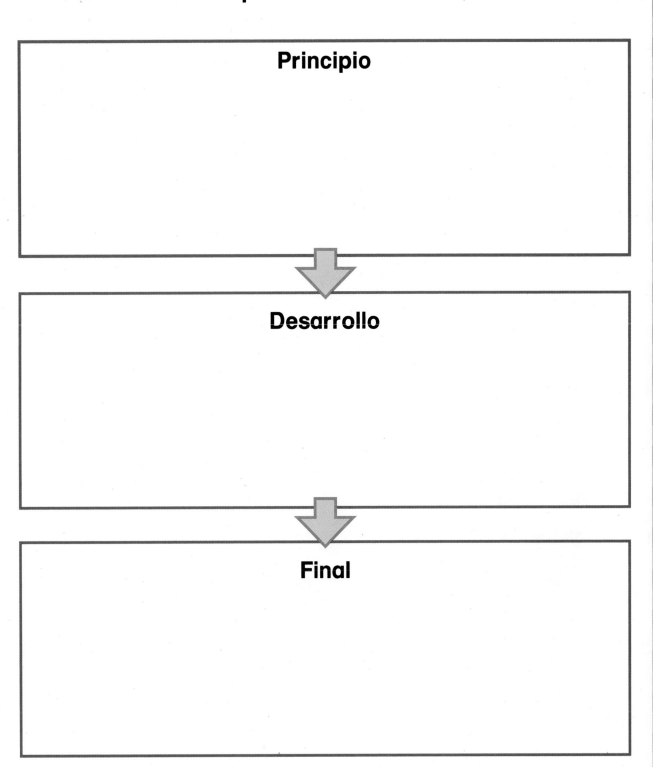

Principio

Desarrollo

Final

LA ESCUELA Y LA CASA Lleve a su hijo al mercado y enséñele que es fácil distraerse entre tantas cosas y gente. Señale los objetos que se escriban con *fr-*, *fl-* y con las palabras del vocabulario. Repítalas en voz alta con el niño.

Juegos y fiestas
Lección 27

73

Harcourt

▶ **Copia las palabras para completar la oración.**

seta   zeta

_____

- - - - - - - - -

1. La _____ es un hongo.

_____

- - - - - - - - -

2. Esta letra es la _____.

sumo   zumo

_____

- - - - - - - - -

3. Yo _____ los números.

_____

- - - - - - - - -

4. Esto es _____ de limón.

ves   vez

_____

- - - - - - - - -

5. Tú _____ por la ventana.

_____

- - - - - - - - -

6. Brinca otra _____.

LA ESCUELA Y LA CASA Lea con el niño las oraciones.
Noten cómo las palabras se oyen igual aunque se escriban
con s o con z.

Harcourt

Nombre _____

▶ **Lee las palabras del cuadro. Fíjate cómo se escriben y luego escríbelas debajo de la s̲, c̲ o z̲.**

sardina   cisne   zorro   cigarra   zopilote   sapo

s	c	z
1. _____	1. _____	1. _____
2. _____	2. _____	2. _____

POR TU CUENTA Escoge dos de los animales y escribe una oración acerca de ellos. Haz también un dibujo.

LA ESCUELA Y LA CASA Lea las palabras de la lección con el niño.

Juegos y fiestas
Lección 29   75

Harcourt

Nombre _____

▶ **Lee las instrucciones y colorea los dibujos.**

1. Colorea los ejotes de color rosado.

2. Colorea el elote de varios colores.

3. Colorea las zanahorias de morado.

4. Colorea tres tomates de rojo y uno de color anaranjado.

5. Colorea la lechuga de amarillo.

6. Colorea las papas de verde.

LA ESCUELA Y LA CASA Pida a su niño que le dé instrucciones para hacer algo sencillo. Luego, comente las instrucciones.

Harcourt

Nombre _____

▶ **Escribe la palabra que complete la oración.**

vaya   vayas   vayan
_____

- -

1. Queremos que ustedes _____ al mercado y compren mantequilla.

dan   den   daban
_____

- -

2. Queremos que nos _____ tostadas.

pides   piden   pidan
_____

- -

3. Queremos que _____ queso.

lavan   laven   lavas
_____

- -

4. ¡Pero antes les dice que se _____ las manos!

LA ESCUELA Y LA CASA Busque con el niño a una tercera persona. Jueguen por turnos a darse instrucciones tales como: Quiero que levanten las manos.

Nombre _____

▶ **Usa las palabras del cuadro para completar las oraciones.**

| frasco | chiflar | clavos | floja | creo |

_____

- - - - - - - - - - - - - - - - -

1. La silla está _____.

_____

- - - - - - - - - - - - - - - - -

2. Mamá busca los _____.

_____

- - - - - - - - - - - - - - - - -

3. Los clavos están en un _____.

_____

- - - - - - - - - - - - - - - - -

4. Mamá trabaja y se pone a _____.

_____

- - - - - - - - - - - - - - - - -

5. _____ que Papá se pondrá contento.

POR TU CUENTA Escoge dos de las palabras del cuento y escribe una oración.

LA ESCUELA Y LA CASA Pida al niño que lea las oraciones. ¿Ustedes saben chiflar? Túrnense chiflando una melodía y adivinen cuál es.

Harcourt

Nombre _____

▶ **Lee las oraciones. Encierra en un círculo la palabra que dice cuánto. Luego colorea la misma cantidad de objetos.**

1. El sapo compró tres lámparas.

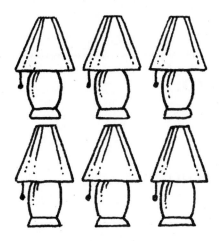

2. El sapo compró cinco paraguas.

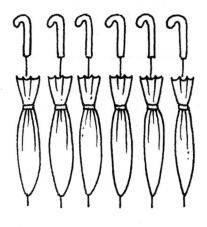

3. Luego compró dos plantas.

4. También compró una tienda.

Harcourt

LA ESCUELA Y LA CASA Pregunte al niño cuántas cosas compró el sapo en total. Ayúdelo a escribir la suma para hallar el total.

Nombre _____

▶ **Escribe la palabra para completar cada oración.**

abrió	olla	azul	agua	fuego

1. Mi papá hizo una piñata con una

_____

_ _ _ _ _ _ _ _ _ _ _ _ _ _

_____ de barro.

_____

_ _ _ _ _ _ _ _ _ _ _ _ _ _

2. Cortó papeles de color rojo, _____ y blanco.

3. Forró la olla, pegó el papel y

_____

_ _ _ _ _ _ _ _ _ _ _ _ _ _

_____ un hoyo para esconder los dulces.

_____

_ _ _ _ _ _ _ _ _ _ _ _ _ _

4. El _____ estaba encendido.

_____

_ _ _ _ _ _ _ _ _ _ _ _ _ _

5. Pusimos _____ para chocolate.

LA ESCUELA Y LA CASA Platique con el niño sobre las fiestas tradicionales que se celebran en su familia. Haga que el niño escriba los platos típicos.

Harcourt

▶ **Escribe la palabra para completar las oraciones.**

| abrió | fuego | olla | agua | azul |

_____

I. Las montañas se veían de color _____.

_____

2. Encendimos el _____ para calentarnos.

_____

3. Mi mamá _____ una lata de sopa.

_____

4. Le puso un poco de _____.

_____

5. Ella dejó la sopa en una _____.

LA ESCUELA Y LA CASA Ayude al niño a hacer una lista de los alimentos que deben cocinarse.

Juegos y fiestas
Lección 32

81

Harcourt

▶ **Mira a los niños. Escoge el nombre del cuadro y escríbelo.**

Clemente Cristina Flor Francisco Clarisa Frida

1. Yo me llamo _____.

2. Yo me llamo _____.

3. Yo me llamo _____.

4.  Yo me llamo _____.

5.  Yo me llamo _____.

6. Yo me llamo _____.

 LA ESCUELA Y LA CASA Lean los nombres de los niños y niñas. ¿Conocen a alguien con estos nombres?

Harcourt

▶ **Lee el cuento y encierra en un círculo todas las palabras del cuadro.**

| flores | fruta | frente | crema | creo | claro |

Ahora que el día es hermoso creo que iremos de picnic. Vamos a ir a un bosque frente al lago donde hay flores por todas partes. Vamos a merendar en un claro del bosque. Mi mamá trae unas tortas y la tuya un pastel de fruta con crema.

LA ESCUELA Y LA CASA Pida al niño que escriba algunas palabras que tengan cl, cr, fl, fr. Juntos escriban un cuento.

Juegos y fiestas
Lección 32 83

Harcourt

Nombre _____

▶ **Piensa en el cuento <u>Sopa de zarzas</u>.**
Luego completa el diagrama.

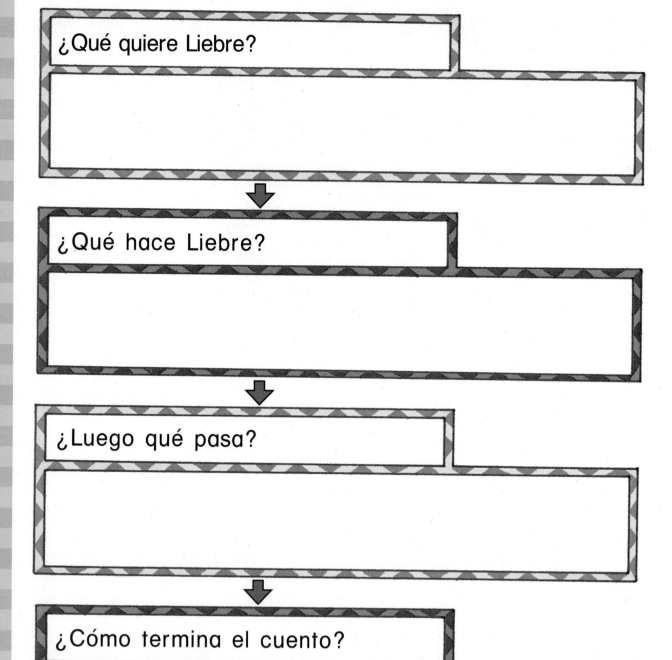

¿Qué quiere Liebre?

¿Qué hace Liebre?

¿Luego qué pasa?

¿Cómo termina el cuento?

LA ESCUELA Y LA CASA Ayude al niño a que escriba cinco
palabras que empiecen con *tr-*, cinco con *bl-* y cinco con *fr-*,
en tres listas separadas.

Harcourt

Nombre _____

▶ **Usa las palabras del cuadro. Escribe la palabra que mejor complete cada oración.**

| lagartija conejo abeja oreja bajé girasoles |

_____

- - - - - - - - - - - - - - - - -

1. Ayer _____ las escaleras.

_____

- - - - - - - - - - - - - - - - -

2. Vi volar a la _____ .

_____

- - - - - - - - - - - - - - - - -

3. Estaban sobre los _____ .

_____

- - - - - - - - - - - - - - - - -

4. Vi saltar al _____ .

_____

- - - - - - - - - - - - - - - - -

5. Sus _____ eran muy grandes.

_____

- - - - - - - - - - - - - - - - -

6. Vi una _____ tomando el sol.

LA ESCUELA Y LA CASA Pida al niño que lea las palabras del cuadro. ¿Por qué son especiales los girasoles?

Juegos y fiestas
Lección 33

85

Harcourt

▶ **Lee el cuento. Contesta las preguntas.**

La sopa estaba rica. El caballo le puso el caldo a la olla. El conejo le puso papas. La vaca le puso cebollas. La cabra le puso tomate. El perro le puso sal. El caballo puso la olla al fuego. ¡A comer todos!

1. El caballo hizo dos cosas.

_____

_ _

_____

2. ¿Qué verduras hay en la sopa?

_____

_ _

_____

3. ¿Qué puso el perro en la sopa?

_____

_ _

_____

LA ESCUELA Y LA CASA Cuando salgan a caminar platiquen acerca de lo que ven. Noten los detalles de lo que ven.

Harcourt

Nombre _____

► **Mira el dibujo. Haz lo que dicen las oraciones.**

1. Colorea la serpiente de rojo y azul.

2. Dibuja otro búho junto al primero.

3. Colorea los ratones de color pardo.

4. Colorea una planta de verde.

LA ESCUELA Y LA CASA Jueguen por turnos a darse tres instrucciones como: Ponte las manos sobre la cabeza, da una vuelta y siéntate en la silla.

Juegos y fiestas
Lección 34

87

Harcourt

Nombre _____

▶ **Lee las oraciones y completa con la palabra que corresponda.**

levantemos   levantes   levanten

_ _ _ _ _ _ _ _ _ _ _ _ _ _ _ _ _ _ _

1. Mamá desea que nos _____ a las ocho.

lean   leas   leamos

_ _ _ _ _ _ _ _ _ _ _ _ _ _ _ _ _ _ _

2. El maestro desea que nosotros _____ los libros.

llegues   lleguen   lleguemos

_ _ _ _ _ _ _ _ _ _ _ _ _ _ _ _ _

3. Papá desea que _____ a la hora indicada.

hagamos   hagan   hagas

_ _ _ _ _ _ _ _ _ _ _ _ _ _ _ _ _

4. La maestra desea que _____ deporte.

Harcourt

▶ **Completa las oraciones con una de las palabras del cuadro.**

pluma profesor pregunta plantas playa plato

_____

- - - - - - - - - - - - - - - -

1. Mamá poda las _____.

_____

- - - - - - - - - - - - - - - -

2. El perro tiene su _____.

_____

- - - - - - - - - - - - - - - -

3. Nos gusta jugar en la _____.

_____

- - - - - - - - - - - - - - - -

4. Encontramos la _____ de un perico.

_____

- - - - - - - - - - - - - - - -

5. Papá nos hace una _____.

_____

- - - - - - - - - - - - - - - -

6. El _____ tiene bigote.

Harcourt

LA ESCUELA Y LA CASA Pida al niño que lea las
palabras de la lección. Luego sugiera que escriba
oraciones combinando dos palabras de esta lista.

Nombre _____

▶ **Mira los dibujos y escribe la palabra que corresponda.**

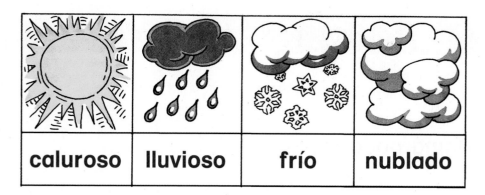

| caluroso | lluvioso | frío | nublado |

1. Hoy es un día _____.

2. Hoy es un día _____.

3. Hoy es un día muy _____.

4. Hoy es un día _____.

POR TU CUENTA ¿Qué clima te gusta? Haz un dibujo y ponle un título.

LA ESCUELA Y LA CASA Platique con el niño acerca del clima del lugar donde viven. Coméntele alguna experiencia interesante con el clima que haya tenido.

Harcourt

▶ **Recorta las palabras. Lee las pistas de los cuadros. Pega la palabra que corresponde a cada pista debajo del cuadro correspondiente.**

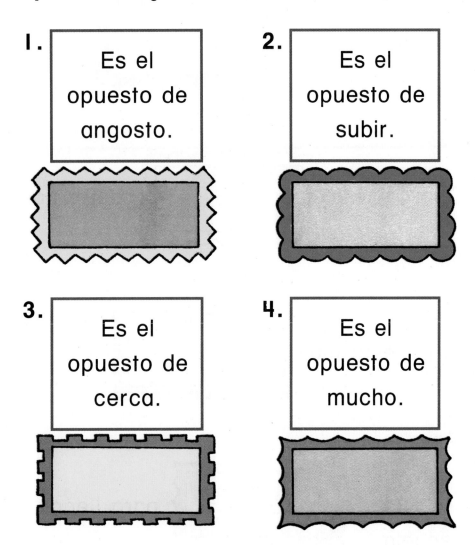

1. Es el opuesto de angosto.

2. Es el opuesto de subir.

3. Es el opuesto de cerca.

4. Es el opuesto de mucho.

ancho	poco	bajar	lejos
ancho	poco	bajar	lejos

LA ESCUELA Y LA CASA Pregunte a su niño si usa estas palabras con frecuencia. Pídale que le diga algún ejemplo.

Harcourt

Nombre _____

▶ **Completa las oraciones pegando las palabras que recortaste.**

5. El salón es muy  .

6. Osito quiere 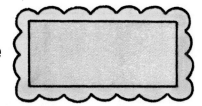 del árbol.

7. El río está muy  .

8. Me queda 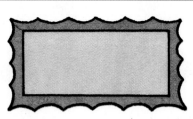 para llegar a la escuela.

Harcourt

▶ **Recuerda el cuento del Osito. Escribe la palabra que mejor complete la oración.**

| platican prados pregunta promesa pronto |

1. Cuando el osito se sube al árbol ve los

_____

_____ y las colinas.

2. El osito conoce a una niña llamada Emily.

_____

Ella le _____ si se ve su casa.

_____

_____

3. El osito y Emily _____ y se hacen amigos.

_____

_____

4. Al despedirse se hacen una _____.

_____

_____

5. Los dos se verán _____.

POR TU CUENTA Piensa en dos palabras con p̲l̲ y dos palabras con p̲r̲. Escríbelas.

LA ESCUELA Y LA CASA Por turnos, use con el niño las palabras del vocabulario para hacer una oración.

Juegos y fiestas
Lección 37

93

Harcourt

Nombre _____

▶ **Lee las oraciones. Escribe la palabra del cuadro que corresponda.**

presto   plomero   probar   princesa   plancha

_____

- - - - - - - - - - - - - - - - -

1. La hija del rey es la _____.

_____

- - - - - - - - - - - - - - - - -

2. Mi mamá usa la _____ para planchar.

_____

- - - - - - - - - - - - - - - - -

3. Cuando me pides algo, yo te lo _____.

_____

- - - - - - - - - - - - - - - - -

4. El _____ vino a arreglar un problema en el baño.

_____

- - - - - - - - - - - - - - - - -

5. Es una fruta nueva y la voy a _____.

LA ESCUELA Y LA CASA Pida al niño que escriba las palabras en una columna y que encierre en un círculo rojo las palabras con *pl* y en un círculo verde la palabras con *pr*.

Harcourt

Nombre _____

▶ **Dibuja y escribe lo que ocurre al principio del cuento, en el desarrollo y al final.**

Principio

Desarrollo

Final

LA ESCUELA Y LA CASA Platique con el niño sobre cómo podemos ser amigos de los animales y de otros seres humanos. Dele ejemplos de lo que usted hace para ayudar a otros.

Harcourt

▶ **Lee el cuento. Encierra en un círculo todas las palabras con pl y pr.**

Temprano en la mañana el mono fue a visitar a su amigo. Tenía un plan. ¿Por qué no preparar un día de campo? Llevaba leche y plátanos. Pero el mono no encontró a su amigo. Se fue al prado. ¿Y a quién se encontró? A su amigo. ¡Había llegado primero!

▶ **Escribe las palabras que encerraste en un círculo.**

_____

- -

_____

- -

_____

- -

_____

LA ESCUELA Y LA CASA Piensen en las palabras que han visto con *pl* y *pr*. Escriban un cuento con dos de las palabras.

Harcourt

▶ **Lee el cuento. Encierra en un círculo la palabra que mejor complete la oración. Escribe la palabra.**

El mono

La cola de este mono es muy larga. La usa como otra mano. Le sirve para comer. Le sirve para cargar a sus crías. También para colgarse de los árboles. En la noche se enreda la cola para dormir.

corta
larga
blanca

1. La cola de este mono es

_____

- - - - - - - - - - - - - - - - - - - -

_____ .

mano

cosa

dedo

_____

- - - - - - - - - - - - - - - -

2. Le sirve como otra _____ .

amigos

troncos

_____

- - - - - - - - - - -

crías

3. Le sirve para cargar a sus _____ .

tapa

cubra

_____

- - - - - - - - - - - - -

enreda

4. En la noche _____ su cola y duerme sobre ella.

LA ESCUELA Y LA CASA Hable con el niño acerca de las mascotas. Pídale que dibuje su mascota o la de un amigo. Platiquen del dibujo y añadan detalles.

Juegos y fiestas
Lección 38

97

Harcourt

Nombre _____

▶ **Tere y Danilo visitan el zoológico ABC.**
En este zoológico los animales están en orden
alfabético. Escribe los nombres de los animales en
orden alfabético.

mono	chita	hipopótamo
víbora	oso	águila

1. _____

2. _____

3. _____ 4. _____

5. _____

Vuelvan
Pronto

6. _____

LA ESCUELA Y LA CASA Recorte diez tarjetas pequeñas. Póngales el
nombre de los animales del zoológico ABC. En las cuatro restantes
escriba *búho, sapo, pelícano* y *lombriz*. Ponga las tarjetas boca abajo. Vayan
tomando una por una y colóquenlas en orden alfabético.

Harcourt

Nombre _____

▶ **Escribe las palabras del cuadro para contestar las oraciones.**

| lloverá | hará | caerá | bajará | soplará |

_____

- - - - - - - - - - - - - - - - - -

1. Hoy _____
calor y tomaremos limonada.

_____

- - - - - - - - - - - - - - - - - -

2. Mañana _____ el viento.

3. Hay muchas nubes y sé que
_____

- - - - - - - - - - - - - - - - - -

_____ .

_____

- - - - - - - - - - - - - - - - - -

4. Después _____ granizo.

5. Seguramente mañana
_____

- - - - - - - - - - - - - - - - - -

_____ la temperatura.

LA ESCUELA Y LA CASA Platiquen de lo que su
niño hará el próximo fin de semana.

Juegos y fiestas
Lección 40   99

Nombre _____

▶ **Lee las adivinanzas y usa las palabras para contestarlas.**

| zapatero | plomero | peluquero | jardinero | panadero |

I. Yo hago el pan desde temprano.

_____
- - - - - - - - - - - - - -
_____

2. Yo te corto el pelo.

_____
- - - - - - - - - - - - - -
_____

3. Yo compongo las tuberías en el baño y la cocina.

_____
- - - - - - - - - - - - - -
_____

4. Yo hago los zapatos que te pones.

_____
- - - - - - - - - - - - - -
_____

5. Yo cuido el jardín.

_____
- - - - - - - - - - - - - -
_____

LA ESCUELA Y LA CASA Pida al niño que lea las palabras del cuadro y le platique lo que hace cada persona.

Harcourt

Los gatos de Mari

Doblar

Este gato hace travesuras.

Harcourt

Doblar

Harcourt

Papá dice que sí.
¡Trina lo trae a casa!

Lo trataré con cariño.

Juegos y fiestas
Libro para recortar y doblar

Mari necesita encontrar un hogar para sus gatos.

Este gato es más tranquilo.

¿Cómo lo llamaremos?

—Yo quiero éste, Papá —dice Trina—. Puede dormir en mi cama.

Béisbol

1

3

Harcourt

Doblar

Harcourt

¡Pas!

Mi padre dice que si me dedico podré ser el mejor.

8

Doblar

A los niños y niñas de muchos países les gusta jugar béisbol.

6

Juegos y fiestas
Libro para recortar y doblar
103

2 El béisbol se conoce en todo el mundo. No se necesita mucho equipo para jugar: una pelota, un bate, un campo.

El béisbol se inventó en Estados Unidos de América. Se llamaba "pelota de ciudad".

4

7

5

Doblar

Doblar

Un pedazo de pastel

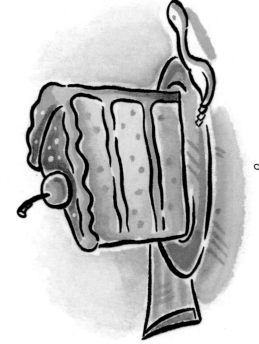

— Doblar —

Me gustaría mucho. ¿Hay pastel de chocolate blanco?

— Doblar —

¡Sí! Es un pastel con alas blancas como el que hace mi mamá.

8

Sí, claro. Lo hornearon esta mañana.

9

Juegos y fiestas
Libro para recortar y doblar
105

2

¿Te gustaría un pedazo de pastel con el té?

4

¿Pastel de chocolate blanco?

No, no hay.

Doblar

Doblar

7

Es un pastel con alas.
Dime si te gusta.

Qué lástima.
¿Y pastel con boca?
¿O pastel con sonrisa?

5

Cinco pajaritos

— Doblar —

— Doblar —

Y ahora hay cuatro pajaritos que dentro de poco podrán volar.

8

—Es cierto. Ya verán que soy el más veloz.

6

Juegos y fiestas
Libro para recortar y doblar
107

Cinco pajaritos compartían un blando nido. Comían juntos. Dormían juntos.

2

De vez en cuando uno decía que era el más veloz.

4

——— Doblar ———

——— Doblar ———

Un día saltó del nido.

7

—Eres bromista y hablas de más —le decían.

5

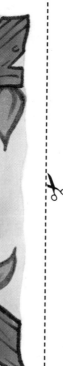

Crea una cara

Harcourt

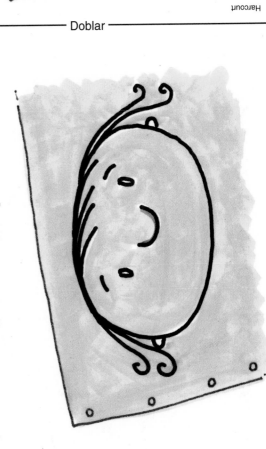

Dibuja un círculo.

Harcourt

Ahora te toca crear una

8 **cara. Usa tus crayones.**

Adorna la cara. Ponle lo que le

falte. Ponle una boca y pelo.

6

Juegos y fiestas
Libro para recortar y doblar **109**

2 En esta clase dibujaremos una cara. Usa lápiz y papel.

4 En el centro pon una nariz.

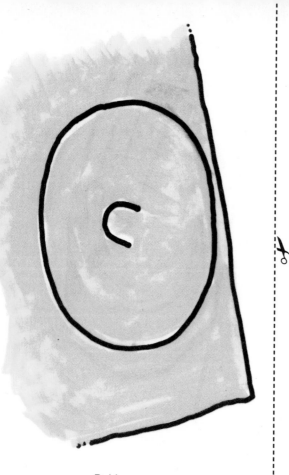

No te olvides de los ojos.

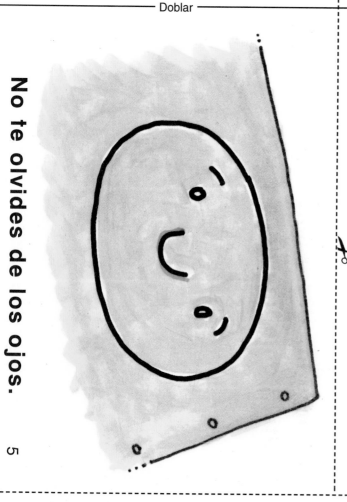

5

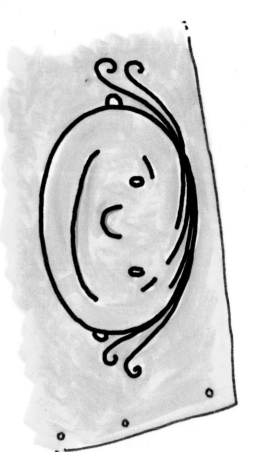

7

Doblar

Doblar

La comida del oso

pan ✓
fruta
jalea ✓
leche

— Doblar —

— Doblar —

Rápido como una flecha fue
con su lista y compró...flores
8 para sus amigos.

Platicaron y pasearon.
Cuando se acordó estaba en
su casa...¡sin el mandado!

9

Juegos y fiestas
Libro para recortar y doblar
111

4

Fue a la ciudad. Allí se encontró con un amigo.

2

El oso hizo la lista del mandado.

pan
fruta
jalea
leche

— Doblar —

— Doblar —

5

7

x

Quiero volar

1

— Doblar —

Un día volaré. Volaré como las aves junto a las nubes.

3

— Doblar —

ME GUSTA VOLAR

Mira qué escribe Francisco.

8

Finalmente su deseo fue realidad.

6

Juegos y fiestas
Libro para recortar y doblar

113

2

Francisco tenía un
deseo. Quería volar.

4

Francisco iba a la escuela.
Quería aprender.

¡Es tan fácil volar!
¡Miren, puedo volar!

7

¿Saben qué me gustaría?
Quiero volar.

5

Doblar

Doblar

Las ardillas

1

— Doblar —

Harcourt

3

— Doblar —

Harcourt

Las ardillas nunca descansan.

8

Hay ardillas de muchos colores. Hay rojas y también de color café. Son muy rápidas para subir y

6 bajar de los árboles.

Hay ardillas en todo
el mundo.
Viven en los
árboles.

2

Las ardillas
escarban hoyos
para guardar la
comida. Comen
frutas y semillas.

4

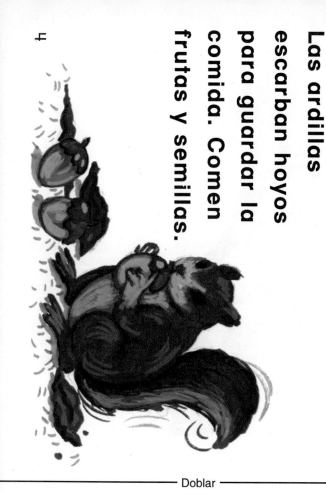

5

7

Doblar

Doblar

Disfraces
y fiestas

Nombre _____

▶ **Mira los dibujos. Escribe las palabras que corresponden a los dibujos.**

| globo | granja | regla | granizo |

1. _____ _____

2. _____ _____

3. _____ _____

4. _____ _____

POR TU CUENTA Elige una palabra del cuadro y escribe una oración. Si deseas, haz un dibujo.

LA ESCUELA Y LA CASA Pida al niño que lea las palabras del cuadro.

Harcourt

▶ **Escribe <u>más que</u> y <u>el más</u> con las palabras <u>alegre</u>, <u>alta</u> y <u>alto</u> para completar las oraciones.**

alegre

_____

- - - - - - - - - - - - - - - - - - -

1. El perico azul es _____

el perico verde.

_____

alta

2. El perico azul está en una rama

_____

- - - - - - - - - - - - - - - - - - - -

_____ el perico verde.

_____

alto

3. Los pericos hacen sus nidos en los lugares más

_____

- - - - - - - - - - - - - - - - - - -

altos. Ese lugar es _____ de todos.

POR TU CUENTA Representa con un compañero a ser <u>alegre</u>, <u>más alegre</u>, <u>el más alegre</u>. Después a ser <u>alto</u>, <u>más alto</u>, <u>el más alto</u>.

LA ESCUELA Y LA CASA Pida al niño que le lea las oraciones y le diga cómo eligió las respuestas.

Disfraces y fiestas
Lección 1

3

▶ **Mira los dibujos del pajarito azul.**
Completa la oración con la palabra correcta.

comer   volar

_____

- - - - - - - - - - - - -

1. El pajarito tenía miedo de _____.

todo   nada

_____

- - - - - - - - - - - - -

2. El pajarito fue a buscar _____.

pensó   alegre

_____

- - - - - - - - - - - - -

3. El pajarito _____ que nunca volaría.

miedo   ganas

4. Pensó que no iba a tener

_____

- - - - - - - - - - - - -

_____.

Harcourt

Alguien   Alto

_____

- - - - - - - - - - - - - - -

5. _____ le enseñó a

mover las alas.

todo   nada

6. La mamá del pajarito dijo que

_____

- - - - - - - - - - - - -

no hay _____.

comer   volar

_____

- - - - - - - - - - - - - - -

7. Los otros pajaritos podían _____

sin miedo.

pensó   alegre

_____

- - - - - - - - - - - - - - -

8. El pajarito _____ cómo sería salir

del nido.

Harcourt

LA ESCUELA Y LA CASA Sugiera a su niño que
escriba nuevas oraciones con las palabras del
vocabulario.

Nombre _____

▶ **Lee el cuento. Encierra en un círculo las palabras que tengan gl y gr.**

Paseamos en globo para buscar la gruta de los osos. Volamos sobre la jungla. Vemos al tigre. El tigre nos mira y nos gruñe. Pero no estamos en peligro. ¡Estamos volando!

POR TU CUENTA Haz dos listas con las palabras que encerraste en el círculo. Una con las palabras con gl y la otra con palabras con gr. ¿Cuántas encontraste de cada una?

LA ESCUELA Y LA CASA Pida al niño que lea el párrafo. ¿Por qué es importante conocer la palabra *peligro*?

Harcourt

Nombre _____

▶ **Escribe la palabra del cuadro que completa la oración.**

negros	arregla	jungla	gritar	peligro

1. El perico vive en la _____.

2. El perico tiene los ojos _____.

3. Se _____ las plumas con el pico.

4. Se pone en la rama más alta para no estar

   en _____.

5. Escuchamos al perico _____. Está contento.

LA ESCUELA Y LA CASA Pida al niño que lea la página. ¿Qué otras palabras conocen con *gl* o *gr*?

Disfraces y fiestas
Lección 2

7

Harcourt

Nombre _____

▶ **Piensa en el cuento. Luego completa este diagrama.**

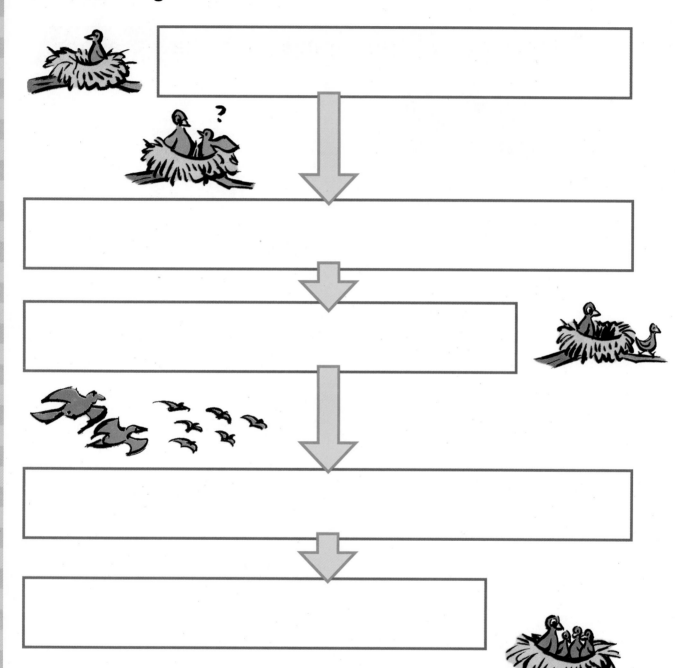

POR TU CUENTA Inventa un nuevo final para el cuento.

LA ESCUELA Y LA CASA Piensen en un cuento que toda la familia conozca. Pida al niño que lo cuente una vez más.

Harcourt

Nombre _____

▶ **Lee el párrafo. Escribe la idea principal en un cuadro. Escribe los detalles en los círculos.**

Desde que nacen, los patitos saben hacer muchas cosas. Los patitos saben que deben seguir a su mamá. Los patitos también saben nadar. La pata no les tiene que enseñar.

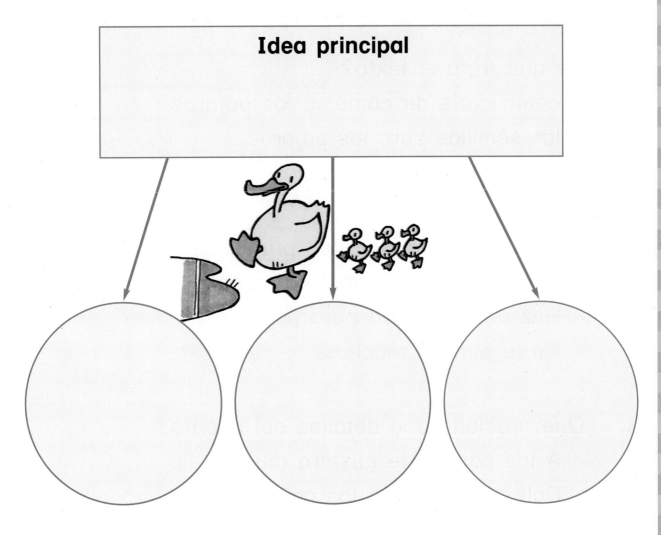

Idea principal

POR TU CUENTA Piensa en una mascota que conozcas. ¿Qué cosas sabe hacer? ¿Se las enseñaron?

LA ESCUELA Y LA CASA Pida al niño que lea el texto. Juntos piensen en un título.

Disfraces y fiestas
Lección 3

9

Harcourt

▶ **Lee el cuento. Mira las respuestas y escoge la mejor. Rellena el círculo frente a la mejor respuesta.**

Comederos para pájaros

Haz un comedero para pájaros. Usa la cáscara de alguna fruta. Ponla en una mesa. Ponle unas semillas de girasol y alpiste. A los pájaros les gustará mucho.

1. ¿De qué trata el texto?
   - ⬭ cómo darle de comer a los pájaros
   - ⬭ las semillas para los pájaros
   - ⬭ porqué se usa una cáscara

2. ¿Qué oración tiene la idea principal?
   - ⬭ A los pájaros les gustará mucho.
   - ⬭ Haz un comedero para pájaros.
   - ⬭ No le pongas muchas.

3. ¿Qué oración tiene detalles del cuento?
   - ⬭ A los pájaros le gustará mucho.
   - ⬭ Dales de comer a los pájaros.
   - ⬭ Ponle unas semillas de girasol y alpiste.

Harcourt

Nombre _____

Fonética
/gl/gl, /gr/gr,
/bl/bl, /br/br

▶ **Escoge la palabra que complete las oraciones. Escríbela en la línea.**

danos   sanos   granos

_____

- - - - - - - - -

1. Le daré de comer unos _____ de arroz a los periquitos.

_____

blanco   banco   zanco

_____

- - - - - - - - -

2. Éste es un periquito azul y _____.

_____

latón   portón   glotón

_____

- - - - - - - - -

3. Es un periquito muy _____.

_____

hinco   brinco   cinco

_____

- - - - - - - - -

4. El periquito pega un _____.

LA ESCUELA Y LA CASA Pida al niño que lea las oraciones completas. ¿Por qué grita el periquito?

Disfraces y fiestas
Lección 4

11

Harcourt

▶ **Lee las oraciones. Completa la oración con al o del.**

al   del

_____

- - - - - - - - -

1. El pájaro voló _____ borde de la selva.

al   del

_____

- - - - - - - - -

2. Probó los frutos _____ mango.

al   del

_____

- - - - - - - - -

3. Probó las semillas _____ cacao.

al   del

_____

- - - - - - - - -

4. Probó las hojas _____ plátano.

al   del

_____

- - - - - - - - -

5. Por la tarde regresó _____ árbol donde vive.

LA ESCUELA Y LA CASA Pida al niño que lea las oraciones. Noten como no decimos ni escribimos *de el* sino *del*, ni *a el* sino *al*.

Harcourt

Nombre _____

▶ **Mira los dibujos. Busca sus nombres en el cuadro. Escríbelos.**

| regla tigre princesa plumero plátano planeta |

1.

_____

- - - - - - - - - - - - - - - - -

_____

2.

_____

- - - - - - - - - - - - - - - - -

_____

3.

_____

- - - - - - - - - - - - - - - - -

_____

4.

_____

- - - - - - - - - - - - - - - - -

_____

5.
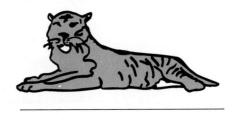

_____

- - - - - - - - - - - - - - - - -

_____

6.

_____

- - - - - - - - - - - - - - - - -

_____

Harcourt

LA ESCUELA Y LA CASA Pregunte al niño si le gusta ir de campamento. Hagan una lista de lo que deberían llevar si fueran a una excursión al bosque.

▶ **Mira los dibujos. Escribe el verbo que completa cada oración.**

| comer | esperar | ir | jugar |

_____

- - - - - - - - - - - - -

I. El sapo y la rana van a _____ a la pelota.

_____

- - - - - - - - - - - - -

2. Pero antes el sapo va a _____ al correo.

_____

- - - - - - - - - - - - -

3. La rana lo va a _____.

_____

- - - - - - - - - - - - -

4. Después quiere acompañarlo a _____.

LA ESCUELA Y LA CASA Platique con el niño de cosas que quieran hacer. Esos son verbos como los de las oraciones.

Harcourt

▶ **Sigue la línea y recorta las tarjetas para jugar con tus amigos. Busca la tarjeta que responda a cada pregunta, según el cuento.**

frío	encima 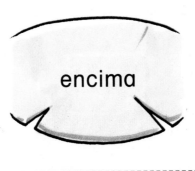	toma 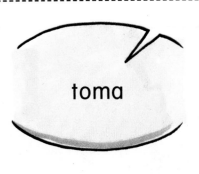
primavera 	esquina 	regresar 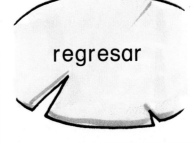
¿Tienes calor o _____?	En la _____ nacen las flores. 	_____ es lo mismo que volver. 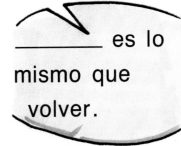
Cristina _____ leche en las mañanas.	Es lo contrario de debajo. _____ 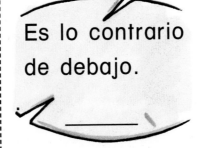	Sapo y Sepo se encuentran en la _____ 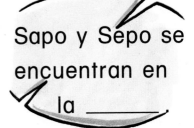

LA ESCUELA Y LA CASA Juegue con el niño para crear tantas oraciones como sea posible, usando las palabras del vocabulario. Jueguen usando estas tarjetas.

Disfraces y fiestas
Lección 7   **15**

Harcourt

Nombre _____

Fonética
/gl/gl, /gr/gr,
/pl/pl, /pr/pr

▶ **Lee el cuento y escribe la palabra que corresponda.**

| sopla arreglar primavera explorar regresar |

_____

- - - - - - - - - - - - - - - -

I. Ya no hace frío, llegó la _____.

_____

- - - - - - - - - - - - - - - -

2. Sentimos que _____ la brisa.

_____

- - - - - - - - - - - - - - - -

3. Vamos a _____ el bosque.

_____

- - - - - - - - - - - - - - - -

4. Hay que _____ la casa.

_____

- - - - - - - - - - - - - - - -

5. Estamos listos para _____ esta tarde.

POR TU CUENTA ¿Qué palabra está escrita con <u>gl</u>? ¿Qué palabra está escrita con <u>gr</u>?

 LA ESCUELA Y LA CASA Pida al niño que lea el texto. ¿Qué necesita arreglar para una excursión en el bosque?

Disfraces y fiestas
Lección 7   **17**

Harcourt

Nombre _____

▶ **Escribe la palabra que completa cada oración.**

glotón	grande	peligro	plumas	primera

_____

1. Fui por _____ vez a un rancho.

_____

2. Vi un gallo con _____ de muchos colores.

3. También vi un cerdo gordo y muy

_____

_____ .

_____

4. Es un cerdo muy _____ .

_____

5. Pero si no lo tocas no corres _____ .

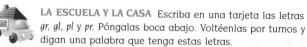

LA ESCUELA Y LA CASA Escriba en una tarjeta las letras *gr, gl, pl* y *pr*. Póngalas boca abajo. Voltéenlas por turnos y digan una palabra que tenga estas letras.

Harcourt

Nombre _____

▶ **Sepo sabe que "la primavera está a la vuelta de la esquina". Colorea los recuadros que describen lo que hizo Sepo en el cuento.**

besó a su mamá	caminó por un sendero	
entró a una cueva	caminó por el prado	
caminó sobre rocas grandes	caminó a orillas del río	caminó por un campo de maíz
fue a la playa	dio la vuelta a la casa	se bañó en el lago

▶ **¿Cómo sabes que llegó la primavera?**

_____

_____

_____

_____

_____

LA ESCUELA Y LA CASA Comente con el niño cómo la
expresión *"la primavera está a la vuelta de la esquina"*,
significa que la primavera llegará pronto.

▶ **Lee el cuento para ver a dónde fue el pelícano. Dibuja el camino que siguió. Encierra en un círculo todas las palabras que encuentres con p̲, p̲l̲ y p̲r̲.**

El paseo del pelícano

El pelícano caminó por la playa. Se encontró la pluma de un perico azul. Pasó junto a unas rocas peligrosas. Se encontró un plato de plástico. Probó un camarón. Platicó un rato con un cangrejo. Ya cansado se acostó a la sombra de una gran palmera.

LA ESCUELA Y LA CASA Lean el cuento del pelícano. ¿Qué otros pájaros conocen que tengan la letra *p*?

Harcourt

Nombre _____

▶ **Escoge la palabra que complete la oración. Escríbela.**

como   comí

1. —Ayer _____ mosquitos —dijo la rana.

atrapé   atrapo

2. —Yo ayer _____ una mosca
—contestó el sapo.

nado   nadé

3. —Ayer también _____ en el lago
—dijo el sapo.

canto   canté

4. —Y _____ toda la noche —dijo el sapo.

oigo   oí

5. —¡Te _____! —le contestó la rana—.
¡No me dejaste dormir!

Harcourt

LA ESCUELA Y LA CASA Pregunte al niño lo que
hizo hoy en la escuela.

▶ **Escribe el verbo para completar la oración.**

comes **comiste**	1. —Ayer tú _____ mosquitos —le dijo el sapo a la rana.
cantó **cantaste**	2. —¡Y ayer tú _____ toda la noche! —contestó la rana.
oyeron **oíste**	3. —¡Tú me _____! ¡Qué felicidad! ¡Era una serenata para ti! —dijo el sapo.

Harcourt

Nombre _____

▶ **Mira las palabras del cuadro. Escribe el nombre del dibujo.**

maguey	rey	doy

1. _____

2. _____

3. _____

POR TU CUENTA Escoge una de las palabras del cuadro. Escribe una oración y haz un dibujo.

LA ESCUELA Y LA CASA Pida al niño que lea la página terminada. Miren los dibujos y coméntenlos.

Disfraces y fiestas
Lección 11

23

Harcourt

▶ **Escribe el verbo que completa la oración.**

| pongo | ven | bañan | lleno | comen |

_____

1. Yo _____ la tina en el jardín.

_____

2. Los pájaros se _____.

_____

3. Les _____ semillas en un comedero.

_____

4. Los pájaros _____ las semillas del comedero.

_____

5. Se _____ las semillas.

POR TU CUENTA Aparte de las semillas, ¿qué otra cosa comen los pájaros?

Harcourt

▶ **Lee cada oración. Recorta las palabras de abajo. Pega las palabras en el lugar correcto para completar la frase.**

1. El salmón se siente _____ .

2. Las crías del salmón nadan _____ el mar al río.

3. El pescador _____ de alegría.

4. Me gusta ver el _____ del mar.

5. Los delfines _____ a nadar.

6. _____ de las rocas hay estrellas de mar.

✂

desde	feliz	gritó
Debajo	fondo	fueron

LA ESCUELA Y LA CASA Ayude al niño a escribir otras oraciones usando las mismas palabras del vocabulario. Piensen en otras oraciones en que se pueden usar estas mismas palabras.

Disfraces y fiestas
Lección 12   **25**

Harcourt

Nombre _____

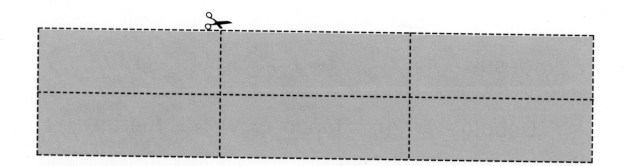

Harcourt

► **Lee el cuento. Encierra en un círculo las palabras que terminen con _y_.**

En el mar hay muchas clases de peces. El salmón fue hoy a verlos. Se fue muy lejos con su maestro. Encontraron caracoles y tortugas de carey. ¡Huy! gritó el salmón al ver al pez grande.

POR TU CUENTA Escribe las palabras que encerraste en un círculo.

LA ESCUELA Y LA CASA Escriba las palabras _hay, hoy, muy_. Por turnos inventen una pequeña historia que tenga estas palabras.

Nombre _____

▶ **Escribe la palabra que completa cada oración.**

doy	Hoy	Voy	muy	Soy

_____

1. _____ es un día de aventuras.

_____

2. _____ un explorador y tú me acompañas.

_____

3. _____ a llevarte a mi lugar favorito.

_____

4. Te _____ la mano para bajar por las rocas.

_____

5. Verás que estarás _____ contento.

 LA ESCUELA Y LA CASA Pida al niño que encierre en un círculo la letra *y* de las palabras que escribió.

Harcourt

Nombre _____

▶ **Piensa en el cuento. Luego, contesta las preguntas.**

1. ¿Cómo se llama el personaje? ¿Dónde vive?	**2.** ¿Qué dijo el Gran Salmón un día?
3. ¿Cómo era el mar?	**4.** ¿Qué ven los salmones en el mar?

POR TU CUENTA Encierra en un círculo la parte que más te gustó del cuento.

LA ESCUELA Y LA CASA Pregunte a su niño por qué le gustó más esa parte del cuento.

Harcourt

▶ **Lee cada oración. Escribe en las líneas si es realidad o fantasía.**

1. El niño llevó su barquito al charco.

_____

- - - - - - - - - - - - - - - - - - - -

_____

2. El gato llevó su barquito al charco.

_____

- - - - - - - - - - - - - - - - - - - -

_____

3. Los peces necesitan abrigos.

_____

- - - - - - - - - - - - - - - - - - - -

_____

4. En el mar hay peces.

_____

- - - - - - - - - - - - - - - - - - - -

_____

5. El niño piensa en su gato.

_____

- - - - - - - - - - - - - - - - - - - -

_____

LA ESCUELA Y LA CASA Lea la hoja con el niño. Juntos piensen en otras cosas que son realidad y fantasía.

Harcourt

Nombre _____

▶ **Escribe la palabra del cuadro que completa la oración.**

océano peces cinco parece centro encima

_____

Fuimos al _____ para ver los animales

marinos. Las ostras están _____ de las

rocas. Este pez _____ un caballito. La

estrella de mar tiene _____ patas, y su

boca está en el _____ del cuerpo. Los

_____ de colores son los que más

me gustan.

LA ESCUELA Y LA CASA Pida al niño que lea la página. Piensen en otras palabras que se escriban con *ce* y *ci*.

Disfraces y fiestas
Lección 14

31

Harcourt

Nombre _____

▶ **Escribe la palabra con -aba o -abas para completar la oración.**

camin + aba
_____

1. Marco _____ todas las mañanas.

salt + abas
_____

2. Vi cómo _____ por encima de los charcos.

gust + aba
_____

3. Le _____ ver a los animales en el camino.

jug + aba
_____

4. A veces _____ con las ardillas.

trot + abas
_____

5. Aquella mañana tú _____.

 **LA ESCUELA Y LA CASA** Pida al niño que le muestre la página completa. Trabajen juntos para escribir más oraciones con las palabras.

Harcourt

Nombre _____

▶ **Lee las claves. Escribe las palabras para completar el crucigrama.**

| zanahoria   familia   diez   columpio   ciudad |

Horizontal

1. Está colgado en el jardín.

2. Es una raíz de color anaranjado y se come.

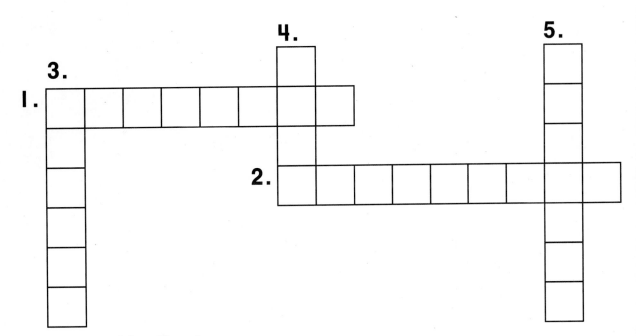

Vertical

3. Un lugar donde vive mucha gente.

4. Cantidad de dedos en las dos manos.

5. Grupo formado por un papá, una mamá y sus niños.

LA ESCUELA Y LA CASA Mire con el niño la página. El niño puede ponerle las adivinanzas a otra persona.

Disfraces y fiestas
Lección 16

33

Harcourt

Nombre _____

▶ **Escribe soy, eres, es, somos, son para completar cada oración.**

1. ¿Quiénes _____ ustedes?

2. Yo _____ Óscar.

3. Él _____ José.

4. Nosotros _____ amigos.

5. Nuestras hermanas también _____ amigas.

6. ¿Y tú, quién _____?

POR TU CUENTA Con un amigo contesta la primera pregunta. Usa yo soy y nosotros somos.

 LA ESCUELA Y LA CASA Escriba en tarjetas soy, eres, es, somos, son. Póngalas boca abajo. Vayan volteándolas por turnos y hagan una oración con la palabra.

Harcourt

▶ **Elige la palabra que complete cada oración. Escríbela en el espacio vacío.**

ver

será

casa

I. Es tan oscuro que no puedo

_____

- - - - - - - - - - - -

_____ nada.

puedo

quizás

noche

_____

- - - - - - - - - - - -

2. _____ mañana llueva.

puedo

quizás

noche

_____

- - - - - - - - - - - -

3. Esta _____ voy a dormir temprano.

ver

será

casa

_____

- - - - - - - - - - - -

4. Me gusta mi _____ .

puedo   será
_____

- - - - - - - - - - - -

5. Estoy cansado. No _____ correr más.

puedo   será
_____

- - - - - - - - - -

6. Mañana _____ mi cumpleaños.

▶ **Encierra en un círculo las palabras del vocabulario.**

1.	l	o	s	v	e	r	m	í	a
2.	n	o	p	u	e	d	o	l	a
3.	q	u	i	z	á	s	m	á	s
4.	t	r	e	s	s	e	r	á	z
5.	m	o	n	o	c	a	s	a	x
6.	n	o	c	h	e	l	u	n	a

Harcourt

Fonética

/ia/ia, /ie/ie,
/io/io, /iu/iu

▶ **Escribe la palabra que mejor complete la oración. Escríbela en la línea.**

| nadie | cielo | nieve | tibia | prefiero | limpio |

El _____ está azul, no hay una sola

nube y está muy _____. Todo está

blanco, porque hay _____ por todas

partes, _____ la ha pisado. ¡No quiero

salir, _____ quedarme en casa, tomando

leche _____!

LA ESCUELA Y LA CASA Pida al niño que describa
lo que ocurre en una tormenta.

Disfraces y fiestas
Lección 17   37

▶ **Escribe la palabra que mejor complete la oración.**

tiene	limpia	agria	viene	quiere

1. Maru _____ al parque.

2. Ella _____ jugar.

3. Maru _____ una naranja.

4. La _____ y la pela.

5. ¡Pero no se la come, está _____!

LA ESCUELA Y LA CASA Pida al niño que encierre en un
círculo *ia*, *ie*, *io* en las palabras del cuadro.

Harcourt

Nombre _____

▶ **Contesta las siguientes preguntas**
relacionadas con el cuento ¡Manzano, manzano!
Tus respuestas pueden ser diferentes a las de tus
compañeros.

1. ¿Qué es lo que siempre tenía el manzano para
sus amigos?

_____

_ _

_____

2. ¿Qué piensa el manzano acerca del gusanito?

_____

_ _

_____

3. ¿Qué pasó después de que el manzano repartió
todo lo que tenía?

_____

_ _

_____

4. ¿Quién sembró un arbolito para el manzano?

_____

_ _

_____

POR TU CUENTA Dibuja un árbol lleno de manzanas. Investiga en qué
época del año se cosechan las manzanas y anótalo en
tu libreta, junto al dibujo.

LA ESCUELA Y LA CASA Lea las respuestas junto
a su niño y hable con él acerca de los personajes
del cuento.

Harcourt

Nombre _____

▶ **Encierra en un círculo las oraciones que hablan del dibujo.**

1. Es invierno.

   Es verano.

   Es otoño.

2. Todo está cubierto de nieve.

   Todo está cubierto de hojas.

   Todo está nuevo.

3. Los niños no tienen patines.

   Los niños tienen patines.

   Los niños se sientan.

4. Los niños patinan en el patio.

   Los niños patinan en el cemento.

   Los niños patinan en el hielo.

5. Los niños también tienen palos.

   Nadie tiene palos.

   Todos tienen pelotas.

LA ESCUELA Y LA CASA Platique con el niño de cómo es el
invierno donde viven y qué actividades pueden hacer.

Harcourt

Nombre _____

▶ **Lee las oraciones. Usa las palabras del cuadro para completarlas.**

viernes	miércoles	noviembre	diciembre

_____

_ _ _ _ _ _ _ _ _ _ _ _ _ _ _ _ _ _ _ _

1. Ayer fue martes, hoy es _____.

2. El último día que fuimos a la escuela fue el

_____

_ _ _ _ _ _ _ _ _ _ _ _ _ _ _ _

_____.

_____

_ _ _ _ _ _ _ _ _ _ _ _ _ _ _ _

3. En _____ celebramos el Día de Acción de Gracias.

_____

_ _ _ _ _ _ _ _ _ _ _ _ _ _ _ _

4. En _____ tenemos fiestas con velas.

Harcourt

🏠 **LA ESCUELA Y LA CASA** Platiquen de los meses del año en que caen sus cumpleaños. Escriban las fechas de los cumpleaños de los distintos miembros de su familia.

Disfraces y fiestas
Lección 19   41

Nombre _____

▶ **Copia los nombres de los animales.**

No te olvides de escribir la <u>ü</u>.

_____

- -

1. zarigüeya _____ .

_____

- -

2. pingüino _____ .

_____

- -

3. cigüeña _____ .

POR TU CUENTA Escoge uno de los animales y escribe dos oraciones acerca de él.

Disfraces y fiestas
Lección 20

42

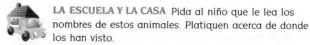

LA ESCUELA Y LA CASA Pida al niño que le lea los nombres de estos animales. Platiquen acerca de donde los han visto.

Harcourt

Nombre _____

► **Usa las palabras del cuadro para completar las oraciones.**

reptiles reloj club excursión explorar

_____

1. Yo estoy en el _____ de ciencias.

_____

2. Hoy iremos de _____ al zoológico.

_____

3. Vamos a ver a los _____ .

_____

4. Vamos a _____ cómo viven las ranas, las tortugas y las víboras.

_____

5. Miro el _____ y veo que es hora de ir a casa. ¡Hasta la vista!

Harcourt

LA ESCUELA Y LA CASA Pida al niño que lea las oraciones. Hagan planes para alguna excursión.

Disfraces y fiestas
Lección 20   43

▶ **Lee las oraciones. Completa cada oración con las palabras del cuadro.**

ruido	agua	huevos	llueve

_____

_ _ _ _ _ _ _ _ _ _ _ _ _ _ _

1. Me lavo las manos con _____ y jabón.

_____

_ _ _ _ _ _ _ _ _ _ _ _ _ _ _

2. Uso el paraguas cuando _____.

3. Papá está dormido. No hay que hacer

_____

_ _ _ _ _ _ _ _ _ _ _ _ _ _

_____.

4. Esta mañana la gallina puso seis

_____

_ _ _ _ _ _ _ _ _ _ _ _ _ _

_____.

▶ **Escoge dos palabras del cuadro. Escribe una oración con cada una.**

_____

_ _ _ _ _ _ _ _ _ _ _ _ _ _ _

1. _____

_____

_ _ _ _ _ _ _ _ _ _ _ _ _ _ _

2. _____

LA ESCUELA Y LA CASA Pida al niño que lea las oraciones en voz alta.

Harcourt

▶ **Escribe la palabra para completar la oración.**

| abrió | necesitaba | llenó | tiró | secó |

_____

1. Lucas _____ unos cubitos de hielo.

_____

2. Primero _____ la charola con agua.

_____

3. Después _____ la puerta del refrigerador.

_____

4. Se le _____ un poco de agua en el suelo.

_____

5. Lucas _____ el agua derramada.

LA ESCUELA Y LA CASA Pida al niño que lea las oraciones. Pregúntele cómo se diría si estuviera ocurriendo ahora.

Disfraces y fiestas
Lección 21

45

Harcourt

Nombre _____

Lee las oraciones. Complétalas con las palabras del cuadro.

| después | dio | idea | llegar | jamás |

1. Pronto va a _____ la banda musical.

2. Después de pensar, tuve una _____.

3. El mago nos _____ una sorpresa.

4. _____ se verá la luna.

Harcourt

5. El Topo _____ llegó a la luna.

▶ **Escribe la misma palabra que usaste en cada oración para completar este crucigrama.**

▶ **Escribe las palabras del cuadro para completar el cuento del cuervo.**

cuidar   nuevo   cuervo   puerta   paraguas   cuenta

_____

El _____ se puso el abrigo. Era un

_____

abrigo _____ de color negro. Ya en la

_____   _____

_____ se dio _____ que estaba

_____

lloviendo. Regresó a buscar su _____.

_____

—¡Hay que _____ las cosas! —exclamó.

Y salió muy contento con su abrigo y su paraguas.

Harcourt

Nombre _____

▶ **Escribe la palabra para completar
la oración.**

canta   cuando   cuna

_____

- - - - - - - - - - - - - - - - - - -

1. El cuervo se pone el abrigo _____
sale.

---

despacio   despidas   después

_____

- - - - - - - - - - - - - - - - - - -

2. Pero ve llover y sale _____ de buscar
su paraguas.

---

agua   agita   agarra

_____

- - - - - - - - - - - - - - - - - - -

3. No quiere que el _____ le maltrate
el abrigo.

---

canto   cauto   cuatro

- - - - - - - - - - - - - - - - - - -

4. Estará de regreso a las _____
para leer.

LA ESCUELA Y LA CASA Platique con el niño
acerca de porqué es bueno leer. ¿Qué otras cosas
son buenas para nosotros?

Disfraces y fiestas
Lección 22   **49**

Harcourt

Nombre _____

▶ **Piensa en el cuento y contesta las siguientes preguntas.**

| **Título:** Un lazo a la luna. | **¿Quiénes son los personajes?** |

¿Qué quiere hacer Zorro?

¿Qué hace Zorro para convencer a Topo?

¿Qué pasa después?

¿Qué otra idea tienen?

¿Qué pasó con Zorro al final?

¿Qué pasó con Topo al final?

¿Qué sabemos ahora de estos personajes?

LA ESCUELA Y LA CASA Pida al niño que le cuente la historia de Un lazo a la luna.

Harcourt

Nombre _____

▶ **Encierra en un círculo las palabras con <u>gl</u> y <u>gr</u>.**

Gladis, Gloria y Graciela

Gladis, Gloria y Graciela son amigas. Saben hablar

inglés y español. Hoy están en casa de Gladis.

Van inflar globos muy grandes y pintarlos de colores.

Van a jugar con el perrito negro de Gladis. A las seis

Gloria y Graciela se despiden y le dan las gracias

a Gladis.

POR TU CUENTA Dibuja a Gloria y a Graciela despidiéndose de Gladis. Escribe la palabra <u>gracias</u> en una burbuja.

LA ESCUELA Y LA CASA Lea con el niño el cuento.
Piensen en otras palabras con *gl* y *gr*.

▶ **Completa cada oración con una de las palabras del cuadro.**

asoleado	divertido	preparado
nadado	comido	cansado

I. Hoy salí con mis amigos y me he

_____

_____ mucho.

2. Pero también me he _____.

3. Nos hemos _____ en la playa.

4. Nunca he _____ tanto como hoy.

5. Mis amigos han _____ la merienda.

6. Prueba algo que nunca he _____.
¡Unas tostadas tan ricas!

LA ESCUELA Y LA CASA Mire esta página con el niño.
Noten que algunas de las palabras del cuadro terminan en
ado y otras en *ido.*

Harcourt

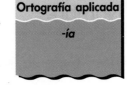

▶ **Escribe el verbo con la terminación -ía para completar la oración.**

ocurr + ía
_____

- - - - - - - - - - - - -

1. Al Zorro siempre se le _____ algo nuevo.

---

sal + ía
_____

- - - - - - - - - - - - -

2. Una noche cuando _____ la luna tuvo una idea.

---

quer + ía
_____

- - - - - - - - - - - - -

3. Él _____ subir a la luna. Empezó a subir con el Topo.

---

sub + ía
_____

- - - - - - - - - - - - -

4. El Zorro _____ con mucho cuidado.

POR TU CUENTA Escribe algo más acerca del Topo. Usa las palabras <u>vivía</u> y <u>comía</u>.

LA ESCUELA Y LA CASA Platique con el niño de lo que hacía usted cuando tenía su edad.

Disfraces y fiestas
Lección 25 53

Harcourt

▶ **Lee las palabras del siguiente cuadro y escríbelas donde haga falta en la tarjeta postal.**

vi	pies	debe

Querido Juan:

_____

Hoy fuimos al mar. _____ cómo las

tortugas dejan sus huellas en la arena. Fue

divertido comparar sus huellas con las de mis

_____

_____. Creo que la tortuga no

_____

_____ estar muy lejos.

Tu amigo,
Luis

Querido Luis:

_____

‐ ‐ ‐ ‐ ‐ ‐ ‐ ‐ ‐ ‐ ‐ ‐ ‐ ‐ ‐ ‐

_____ tu tarjeta postal y me alegré al saber

‐ ‐ ‐ ‐ ‐ ‐ ‐ ‐ ‐ ‐ ‐ ‐ ‐ ‐ ‐ ‐

que estás disfrutando el viaje. _____ ser un

lugar muy hermoso. Cuando regreses, iremos al río

_____

‐ ‐ ‐ ‐ ‐ ‐ ‐ ‐ ‐ ‐ ‐ ‐ ‐ ‐ ‐ ‐

y dibujaremos huellas de _____ en la

arena, buscaremos conchitas y cangrejos.

Te extraño mucho.

Tu amigo,

Juan.

LA ESCUELA Y LA CASA Haga que el niño escoja una de las palabras del vocabulario. Juntos, piensen en otras palabras que se pueden formar con las letras de esa palabra. Pida al niño que las escriba en su cuaderno.

Disfraces y fiestas
Lección 26

55

Harcourt

Nombre _____

▶ **Escribe en cada cuadro lo que pasó primero, después y al final del cuento. Haz un dibujo por cada oración. Fíjate en el cuento.**

El ancho mar

Principio

Desarrollo

Final

LA ESCUELA Y LA CASA Lea al niño un cuento corto que contenga ilustraciones. Explíquele qué es lo que pasa primero, qué es lo que pasa después y al final del cuento.

Harcourt

▶ **Completa el párrafo con las palabras del cuadro.**

otra entraron tratar atravesaron trajo tres

_____

La niña y su mamá _____ el prado

_____

para regresar a casa. Al _____ de abrir

la puerta, vieron que estaba con llave. Por eso

_____

_____

tuvieron que _____ por la puerta de la

_____

_____

cocina. La mamá _____ unas galletas y

_____

sacó leche del refrigerador. A las _____

_____

de la tarde salieron a pasear _____ vez.

LA ESCUELA Y LA CASA Pida al niño que piense
en otras palabras con *tr*.

Disfraces y fiestas
Lección 26   **57**

Harcourt

▶ **Escribe estaba o estaban para completar cada oración. Después encierra en un círculo uno o más de uno para señalar de cuántos niños se habla.**

uno

más de uno   **1.** El niño _____ patinando junto al mar.

uno

más de uno   **2.** Sus amigos también _____ patinando junto al mar.

uno

más de uno   **3.** Al rato los niños _____ patinando todos juntos.

uno

más de uno   **4.** Él _____ muy contento.

LA ESCUELA Y LA CASA Pida al niño que lea esta página y explique las respuestas.

Harcourt

Nombre _____

▶ **Completa la oración con las palabras del cuadro.**

| globo | grande | gris | glotón | gruesa |

_____
- - - - - - - - - - - - - - - - - - - -

1. Ese pez se infla y se hace _____ .

_____
- - - - - - - - - - - - - - - - - - - -

2. Es un pez _____ .

_____
- - - - - - - - - - - - - - - - - - - -

3. Es de color _____ y morado.

_____
- - - - - - - - - - - - - - - - - - - -

4. Tiene la piel _____ y cubierta de espinas.

5. ¡Cuando se infla tiene cachetes de

_____
- - - - - - - - - - - - - - - - - - - -

_____ !

Harcourt

🏠 **LA ESCUELA Y LA CASA** Lea las oraciones con el niño. Pídale que escriba las palabras con *gl* y *gr*.

Disfraces y fiestas
Lección 27   **59**

▶ **Lee el párrafo. Busca la oración con la idea principal. Escríbela en las líneas. Después escribe un título para el párrafo.**

Título

_____

- -

_____

En el mar hay mucho más que agua. En el mar hay muchos seres vivos. Hay muchos animales y plantas diferentes. Algunos de los animales parecen plantas. Muchos de los seres marinos que viven en el mar son útiles para el ser humano.

Idea principal

_____

- -

_____

- -

_____

- -

_____

LA ESCUELA Y LA CASA Lea con en niño un libro ilustrado. Hablen acerca de la idea principal.

Harcourt

Nombre _____

▶ **Escribe la palabra que completa la oración.**

pecoso   picoso   precioso
_____

----

1. Hoy es un día _____.

arrendan   arriban   arreglan
_____

----

2. Todos se _____, van a salir.

pasa   pava   playa
_____

----

3. Toda la familia va a la _____.

pumas   plumas   primas
_____

----

4. Buscan conchas y _____.

cangrejos   canguros   canica
_____

----

5. Ven a los _____.

Harcourt

LA ESCUELA Y LA CASA Pida al niño que lea las
oraciones. ¿Qué palabras tienen *pl, pr, gl* o *gr*?

Disfraces y fiestas
Lección 29   **61**

▶ **Elige la palabra que complete cada oración. Escríbela en la línea.**

hago   hice   haciendo

1. Yo estoy _____ un castillo de arena.

tomando   toma   tomaste

2. Mi mamá está _____ el sol.

ven   vio   viendo

3. Mi papá está _____ los barcos.

cuidan   cuidas   cuidando

4. Mi abuelita me está _____ .

LA ESCUELA Y LA CASA Lea la página con el niño.
Escriban unas oraciones con algunas de las respuestas
que no se emplearon.

Nombre _____

▶ **Encierra en un círculo las palabras con r y rr. Después escríbelas bajo las columnas según cómo se pronuncien, si /r/ o /rr/.**

Mi amiga y yo corremos en la arena para que no nos gane el perrito. Después recogemos conchas en la playa. Mi amiga tiene muchas, pero la que más me gusta es una roja. Yo tengo una amarilla muy linda. Mi mamá nos da jugo de naranja.

Sonido r

1. _____

2. _____

3. _____

4. _____

Sonido rr

5. _____

6. _____

7. _____

8. _____

LA ESCUELA Y LA CASA Escriban tarjetas con *pero, perro, cero, cerro, para, parra, coro* y *corro*. Pónganlas boca abajo. Por turnos volteen dos a la vez y léanlas en voz alta. Si es un par, consérvenlas, si no, vuélvanlas a poner boca abajo.

Harcourt

Nombre _____

Fonética

/ia/ia, /ie/ie,
/io/io, /iu/iu
/ua/ua, /ue/ue,
/ui/ui, /uo/uo

▶ **Escribe las palabras correctas para completar la oración.**

especial
buena
premio

1. Hoy gané un

_____

- - - - - - - - - - - - - - - - -

_____ .

puedo
izquierda
puedes

_____

- - - - - - - - - - -

2. Yo _____ ayudar a mis padres.

gimnasia
igual
cuatro

3. La gata tuvo

_____

- - - - - - - - - - - - - - -

_____ gatitos.

gimnasia
igual
~~cuatro~~

4. Me gusta correr y hacer

_____

- - - - - - - - - - - - - - - - - - - -

_____ .

POR TU CUENTA Pon tu mano izquierda sobre una hoja de papel. Dibuja alrededor de ella. Escribe <u>mano</u> <u>izquierda</u> sobre ella. El dedo del centro se llama medio. Escribe <u>dedo</u> <u>medio</u> sobre él.

LA ESCUELA Y LA CASA Pida al niño que le lea el párrafo. Dígale porqué él es especial.

Harcourt

▶ **Escribe <u>vamos</u> o <u>fuimos</u> para completar las oraciones. Encierra en un círculo la palabra <u>presente</u> o <u>pasado</u> para indicar cuándo ocurrió la acción.**

presente

1. Hoy todos _____ al
   zoológico.

pasado

presente

2. Ya _____ el mes pasado.

pasado

presente

3. La semana pasada _____
   en autobús.

pasado

presente

4. Esta vez _____
   en carro.

pasado

POR TU CUENTA Junto con un compañero cambien las oraciones. Si la oración está en presente, pónganla en pasado. Si está en pasado pónganla en presente. Usen las palabras <u>vamos</u> y <u>fuimos</u>.

LA ESCUELA Y LA CASA Lea la página con el niño.
Si tiene dificultad con las palabras "presente" y
"pasado" use las palabras "ayer" y "hoy".

Harcourt

► **Elige las palabras del recuadro para completar cada oración. Luego haz lo que pide cada oración.**

| frente | suelo | luego | boca | igual | medio |

1. A Babo y su mamá les gusta caminar en el

   _____

   - - - - - - - - - - - - - - - - -

   _____. Dibuja un círculo alrededor

   de Babo.

   _____

   - - - - - - - - - - - - - - - -

2. El hipopótamo está en _____ del

   agua. Pinta el hipopótamo de gris.

   _____

   - - - - - - - - - - - - - - - -

3. El cocodrilo está _____ al pájaro.

   Pinta el cocodrilo de verde.

Harcourt

_____

- - - - - - - - - - - - - - - -

4. La gacela abre la _____ para beber.

Pinta el agua de azul.

_____

- - - - - - - - - - - - - - - -

5. _____ de beber agua, la gacela se

irá volando. Pinta la gacela de rojo.

▶ **Encuentra cada palabra en este cuadro. Enciérralas en un círculo. Las palabras están sólamente en línea horizontal.**

e	w	b	o	c	a	y	t	h	n
b	a	f	r	e	n	t	e	j	k
i	g	u	a	l	b	g	d	w	q
w	q	s	u	e	l	o	x	m	i
l	u	e	g	o	g	f	t	r	e

POR TU CUENTA Dibuja otro animal que te gustaría ver en la selva.

LA ESCUELA Y LA CASA Pida al niño que le muestre la página terminada.

Disfraces y fiestas
Lección 31   **67**

Harcourt

Nombre _____

▶ **Escribe las palabras del cuadro para completar las oraciones.**

| lluvia fuego agua incendio sintieron |

1. Los animales del bosque estaban dormidos
   _____

   cuando _____ calor.
   _____

2. Todos vieron que era un _____.
   _____

3. Había _____ en la montaña.

4. Se fueron al lago para estar cerca del
   _____

   _____.

Disfraces y fiestas
Lección 32

LA ESCUELA Y LA CASA Mire la hoja con su niño. Pídale que lea las oraciones. Comenten las oraciones y las medidas de seguridad en caso de fuego.

Harcourt

Nombre _____

▶ **Lee las palabras del cuadro y completa las oraciones con ellas.**

escuela	tiempo	cuando	quieren

_____

- - - - - - - - - - - - - - - - - -

1. Hace buen _____, vamos al parque.

2. Es domingo. No tenemos que ir a la

_____

- - - - - - - - - - - - - - - -

_____.

_____

- - - - - - - - - - - - - - - -

3. _____ vamos al parque nos divertimos mucho.

_____

- - - - - - - - - - - - - - - -

4. ¡Pero las hormigas _____ comerse todo!

LA ESCUELA Y LA CASA Lea la página con el niño.
Piensen en otras palabras con los mismos sonidos.

Harcourt

Nombre _____

▶ **Piensa en lo que has aprendido acerca del mundo de Babo. Luego escribe una palabra en cada círculo.**

El mundo es _____ .

LA ESCUELA Y LA CASA Hable con el niño acerca de las respuestas que escribió en esta hoja.

Harcourt

▶ **Usa las palabras del cuadro para completar las oraciones.**

| ojos | juntos | pájaros | bajaron | jirafa |

_____

1. Los monos se fueron _____ de paseo.

_____

2. Tenían los _____ bien abiertos.

_____

3. Subieron y _____ de los árboles.

_____

4. Vieron a unos _____ negros.

_____

5. Los monos también vieron una _____.

LA ESCUELA Y LA CASA Pida al niño que lea las oraciones que completó.

Disfraces y fiestas
Lección 33

71

Harcourt

Nombre _____

▶ **Lee lo que dice Babo. Encierra en un círculo las palabras y los dibujos de los que habla.**

1.  Estas cosas son calientes.

fuego   vapor   helado   sol

2.  Estas cosas son duras.

almohada   hielo   ladrillo   madera

3.  Estas cosas son crujientes.

palomitas   pan   agua   hojas
de maíz   tostado

4.  Estas cosas son pesadas.

bola de   pluma   camión   hipopótamo
boliche

LA ESCUELA Y LA CASA Vuelva a leer esta hoja con el niño. Pídale que piense en más cosas pesadas, crujientes, duras o calientes.

Harcourt

▶ **Completa cada oración. Escribe la palabra en la línea.**

VIDA EN LA SELVA

haber   hubo   había

_____

- - - - - - - - - - - - - - -

1. Descubrimos que allí _____ una familia de monos.

decía   decir   dije

_____

- - - - - - - - - - - - - - -

2. El mono grande les _____ qué hacer.

mecieron   mecer   mecía

_____

- - - - - - - - - - - - - - -

3. Un monito se _____ en una rama.

comer   comí   comía

_____

- - - - - - - - - - - - - - -

4. Otro monito _____ hojas.

LA ESCUELA Y LA CASA Lean la página una vez.
¿Cómo cambia la oración 4 si usamos come en vez de comía?

Disfraces y fiestas
Lección 35   73

Harcourt

▶ **Escribe la palabra que mejor complete cada oración.**

nueve	hechos	planeta	cohete	nave

_____

1. Nuestro _____ se llama Tierra.

_____

2. Los anillos de Saturno están _____ de hielo y rocas.

3. Los astronautas viajan a la luna en una _____

_____ espacial.

4. Algunas naves se lanzan desde la Tierra, en un _____

_____ especial.

_____

5. El telescopio permite ver los _____ planetas que giran alrededor del Sol.

Harcourt

Nombre _____

▶ **Lee las palabras del recuadro y completa las columnas. Puedes usar la misma palabra más de una vez.**

| satélites | fotografías | telescopio | Sol | luna |
| estrellas | planetas | cohete | nave espacial |

Están en el espacio

Se ven desde la Tierra

Formas de viajar en el espacio

Nos ayudan a explorar el espacio

Harcourt

▶ **Escribe las palabras para completar la narración.**

| Venus | luz | Sol | Azul | tercer |

1. La Tierra se conoce también como el _____

‑ ‑ ‑ ‑ ‑ ‑ ‑ ‑ ‑ ‑ ‑ ‑ ‑ ‑

planeta _____ .

_____

‑ ‑ ‑ ‑ ‑ ‑ ‑ ‑ ‑ ‑ ‑ ‑ ‑ ‑

2. La Tierra gira alrededor del _____ .

_____

‑ ‑ ‑ ‑ ‑ ‑ ‑ ‑ ‑ ‑ ‑ ‑ ‑ ‑

3. Mercurio y _____ están más cerca.

_____

‑ ‑ ‑ ‑ ‑ ‑ ‑ ‑ ‑ ‑ ‑ ‑ ‑ ‑

4 La tierra es el _____ planeta.

_____

‑ ‑ ‑ ‑ ‑ ‑ ‑ ‑ ‑ ‑ ‑ ‑ ‑ ‑

5. El Sol le da a la Tierra _____ y calor.

Harcourt

Nombre _____

▶ **Piensa en el cuento que acabas de leer.**
Luego completa el cuadro.

Planetas

Qué aprendí sobre los planetas

Qué más me gustaría saber

LA ESCUELA Y LA CASA Luego de completar la
página, pida a su niño que la lea. Pregúntele cuál
fue el dato más interesante que aprendió.

Disfraces y fiestas
Lección 36   **77**

Harcourt

Nombre _____

▶ **Escribe el verbo con <u>no</u> para completar la oración.**

no + ha salido

_____

- - - - - - - - - - - - - - - - - - - -

1. El cohete _____ .

no + tardará

_____

- - - - - - - - - - - - - - - - - - - -

2. El cohete _____ mucho
en llegar a Marte.

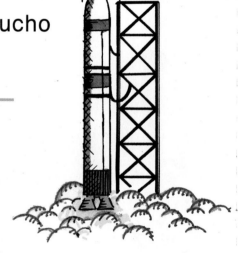

3. Marte tiene dos lunas, pero

no + son

_____

- - - - - - - - - - - - - - - - - - - -

_____ muy grandes.

no + hay

_____

- - - - - - - - - - - - - - - - - - - -

4. En Marte _____ mucha agua.

 POR TU CUENTA Escribe dos listas. "Cosas que me gustan" y "Cosas
que no me gustan". ¿Cuál es más larga?

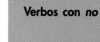 **LA ESCUELA Y LA CASA** Lean juntos las oraciones.
¿Qué otras cosas no hay en Marte?

Harcourt

Nombre _____

▶ **Escoge las palabras del cuadro para completar la invitación.**

iluminada   domingo   siete   Irene

¡Fiesta con telescopio!

_____

_____

Dónde: En casa de _____.

_____

_____

Cuándo: El _____ a las

_____

_____

_____ de la noche.

_____

_____

La luna estará muy _____.

¡Espero que vengas!

Cindy
555-1133

 **LA ESCUELA Y LA CASA** Escriba con el niño una invitación para una fiesta imaginaria.

Disfraces y fiestas
Lección 37   **79**

Harcourt

Nombre _____

► **Lee las claves. Usa las palabras del cuadro para completar el crucigrama.**

| envío | vacío | frío | tío | mío |

4.

5.

1.

2.

3.

Horizontal

1. lo mando, lo...

2. el hermano de mi papá es mi...

3. no es tuyo, es...

Vertical

4. lo contrario del calor es el...

5. lo contrario de lleno es...

LA ESCUELA Y LA CASA Escriban oraciones con las palabras del cuadro.

Harcourt

▶ **Lee el párrafo. Escribe la idea principal.**
   Busca cuatro detalles y escríbelos sobre las rocas.

En 1997 exploramos el planeta Marte con el
robot Rover. El robot reunió mucha información
sobre el planeta. El robot Rover recogió rocas.
Tomó fotografías. También recogió datos acerca
del clima.

Rover en Marte

POR TU CUENTA Usa la idea principal para darle un título al párrafo.

LA ESCUELA Y LA CASA Lea el periódico con el
niño. Miren las fotografías y lean la explicación.

Disfraces y fiestas
Lección 37 **81**

Harcourt

Nombre _____

▶ **Escribe la palabra del cuadro para completar la oración.**

clase	claro	crece	escribe	cruzan

_____
- - - - - - - - - - -

1. Mi hermana _____ acerca de los cometas.

2. Los cometas son bolas de hielo y polvo que
_____
- - - - - - - - - - -
_____ el espacio.

3. Cuando se acercan al sol les
_____
- - - - - - - - - - -
_____ una cola de polvo.

_____
- - - - - - - - - - -

4. Los cometas se ven en un día _____.

_____
- - - - - - - - - - -

5. En _____ la maestra nos dijo que hoy pasará uno.

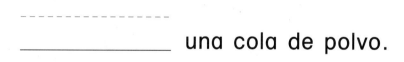 **LA ESCUELA Y LA CASA** Pida al niño que lea las oraciones. ¿Cuántas palabras escribió con *cl* y cuántas con *cr*?

Harcourt

Nombre _____

▶ **Encierra en un círculo las palabras que terminan en -ito, -ita.**

Este periquito no vive en una jaulita. Está en el árbol. Como es muy pequeñito le llamo Chiquito. Tiene el piquito amarillo y las alitas verdes. Hace poco empezó a hacer su nidito y ayer...¡apareció un huevito!

POR TU CUENTA ¿Qué más podrías decir del periquito? Piensa en dos palabras que terminen en -ito, -ita y úsalas en tu repuesta.

Harcourt

LA ESCUELA Y LA CASA Usen las terminaciones *-ito,-ita* para describir algunos de los objetos de su hogar.

Nombre _____

▶ **Escribe las palabras del cuadro para completar las oraciones.**

| pasotes | grandote | gansote | pedazote |

_____

- - - - - - - - - - - - - - -

1. El ganso es _____.

_____

- - - - - - - - - - - - - - -

2. En tierra da unos _____.

3. Cuando tiene hambre se come un

_____

- - - - - - - - - - - - - - -

_____ de manzana.

_____

- - - - - - - - - - - - - - -

4. ¡No es un gansito, es un _____!

LA ESCUELA Y LA CASA ¿Qué otras palabras terminadas en *-ote* para significar grande usan en casa?

Harcourt

¡A volar!

— Doblar —

En el otoño ya podía volar como el mejor.

— Doblar —

Finalmente había encontrado un cálido hogar.

Después de mucho volar encontró un lugar muy agradable.

Disfraces y fiestas
Libro para recortar y doblar

El pajarito azul se hizo grande.

Era un lugar hermoso y asoleado.

Cuando nevó, se fue volando con sus amigos.

Había pocas semillas pero siempre encontraban algo de comer.

Doblar

Doblar

Rana y Ratón

1

— Doblar —

3

Ratón no podía.
Tenía que trabajar.

— Doblar —

Después pudieron
comer y jugar.

8

Primero la casa y el trabajo. Más
tarde tendrás tiempo para jugar.

6

Una noche Rana quiso jugar con Ratón.

Rana ayudó a Ratón a arreglar su casa.

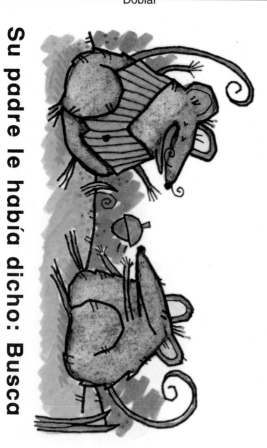

Se acercaba el frío y Ratón necesitaba encontrar un hogar.

Su padre le había dicho: Busca una casa que te proteja del frío.

— Doblar —

— Doblar —

1

¿Qué hacer?

Harcourt

— Doblar —

3

Se caen los cubos.
No hay nada que hacer.

Harcourt

— Doblar —

8

Y a ti, ¿qué te gusta hacer?

6

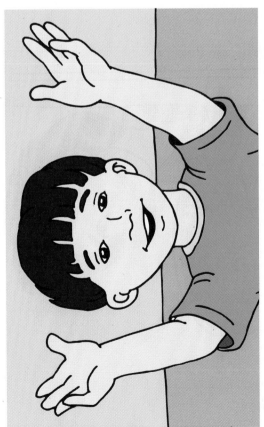

—¡Sí, eso quiero hacer!
¡Voy a darte una mano!

Disfraces y fiestas
Libro para recortar y doblar

89

2

Hoy llueve. Mamá me dice:

—Busca qué hacer.

4

Soy un aeroplano.

—No —dice Mamá—.

Aquí no. Vas a tirar algo.

— Doblar —

— Doblar —

7

¡Miren qué galletas tan grandes!

5

—¿Quieres ayudarme en la cocina?

Migajas en la cama

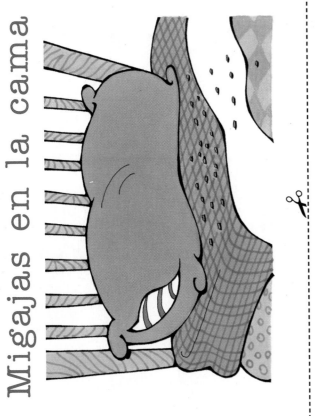

Harcourt

— Doblar —

—¿Quieres pan tostado?
—preguntó Juan.

Harcourt

— Doblar —

El perro se comió el pan con mermelada. Y ahora tengo una cama llena de migajas.

—No brinques aquí.

Disfraces y fiestas
Libro para recortar y doblar

91

4

—Sí, pan tostado
con mermelada,
por favor.

2

Estoy enfermo y en cama.

✂

— Doblar —

El perro olfatea y brinca por
toda la cama.

—¡Basta! —le grito.

✂

7

— Doblar —

El perro salta a la cama.

5

Tres topos

1

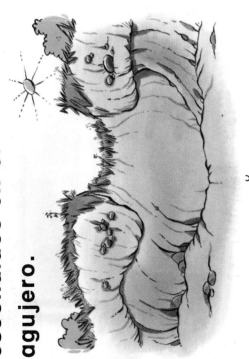

—Tengan cuidado —les dijo—.
En los días asoleados la
serpiente está en el pasto.

3

Harcourt

— Doblar —

Harcourt

Dibuja a los topos
escondidos en el
agujero.

8

— Doblar —

—Nos quieres asustar —dijeron
los topos—. No —dijo la mula—.
6 Les estoy avisando.

2

Un día, una vieja mula se encontró con tres topos.

— Doblar —

—Cuídense de la serpiente. Busquen un agujero para esconderse.

7

4

—No tenemos miedo —dijeron los topos.

— Doblar —

—La serpiente aparece de repente —dijo la mula—. Es larga y flaca como una manguera.

5

A la luna

Harcourt

— Doblar —

Harcourt

Si pudiera, iría ahora mismo.

— Doblar —

Ésta es mi casa, la Tierra.

8

Cuando llegara a la luna me pondría botas y me iría de excursión.

6

Disfraces y fiestas
Libro para recortar y doblar

4

Comería y viviría en el espacio.

2

No es fácil llegar a la luna.

— Doblar —

— Doblar —

Leería mucho acerca de la luna. 5

7

La carrera

— Doblar —

¿Quién crees que ganará?

La carrera

El mono se pone a la cabeza.

— Doblar —

La cabeza del cocodrilo desaparece bajo el agua.

Disfraces y fiestas
Libro para recortar y doblar

97

En sus marcas. Listos. ¡Fuera!

Doblar

Ahora la gacela está a la delantera.

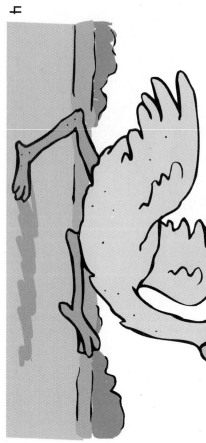

El avestruz despliega las alas y se hecha a correr.

Doblar

El rinoceronte atraviesa el prado.

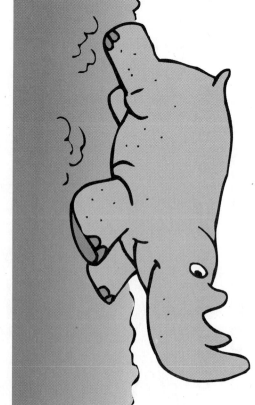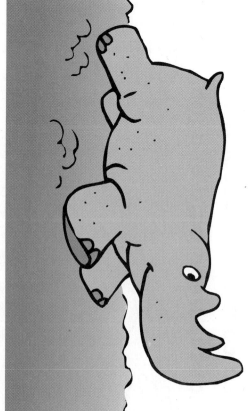

Gatos del espacio

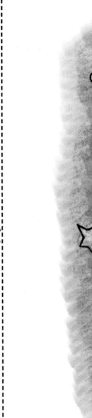

Doblar

Doblar

—Ahí tienen amigos. El regreso de los dos gatos espaciales. Hasta pronto, se despide ...¡su reportero del aire!

8

—Ahora que están en casa, ¿qué quieren hacer?

—¡Olfatear la tierra y rodar en

6 el suelo!

Hola. Han regresado los dos gatos que fueron lanzados al espacio para visitar Plutón. En un momento hablaremos con ellos.

2

—Bienvenidos a casa. ¿Cómo es Plutón?

—Allí hace frío. No queremos regresar.

4

5

7

Índice de destrezas y estrategias

Índice de destrezas y estrategias